GÉOGRAPHIE

COMPARÉE.

GÉOGRAPHIE

COMPARÉE;

OU

ANALYSE

DE LA GÉOGRAPHIE

ANCIENNE ET MODERNE

DES PEUPLES DE TOUS LES PAYS ET DE TOUS LES AGES;

ACCOMPAGNÉE de Tableaux analytiques, & d'un grand nombre de Cartes, &c.

NOUVELLE ÉDITION,

Corrigée & confidérablement augmentée d'après des Obfervations faites fur les lieux :

PAR M. MENTELLE, Hiftoriographe de Mgr. le Comte D'ARTOIS, Cenfeur royal, de l'Académie *de la Hiftoria* de Madrid, de celle de Rouen, &c.

ITALIE MODERNE.

TOME SECOND.

A PARIS,

Chez THÉOPHILE BARROIS le jeune, Libraire, quai des Auguftins, n° 18.

M. DCC. LXXXVIII.

Avec Approbation & Privilège du Roi.

TABLE

TABLE DES ARTICLES.

SECOND VOLUME.

Ital. mod. Tom. II.   *a*

Fin de la Table des Articles.

GÉOGRAPHIE
MODERNE
DE L'ITALIE.

SECTION DEUXIÈME.

DE L'ÉTAT DE L'ÉGLISE.

I.

L'ÉTAT de l'Eglise occupe une partie très-considérable du milieu de l'Italie. Il s'étend depuis le 41e degré 25' de Latitude, jusqu'à-peu-près au-delà du 45e. Il est vrai qu'il est fort resserré vers le 44e degré, & en deçà du 42e.

Dans sa partie la plus occidentale, il touche presque au 9e degré de Longitude, & dans sa partie orientale, au 11e 30'; mais sa forme est très-inégale.

Ital. mod. Tome II.   A

Dans ſa plus grande longueur, il a environ quatre-vingt-dix lieues du Sud au Nord ; &, dans ſa plus grande largeur, environ cinquante.

I I.

Quoiqu'il y ait beaucoup d'endroits fer-tiles, cependant on aſſure qu'en général il eſt moins cultivé & moins peuplé que beaucoup d'autres parties de l'Italie. Cela tient-il au peu d'activité du Gouvernement ou à quelque autre cauſe ? C'eſt ce que je n'entreprendrai pas de décider.

Quant aux principaux fleuves, comme ce pays eſt étendu, je les ferai connoître, pour plus de clarté, à chacune des Divi-ſions qui les renferment.

TABLEAU
DES DIVISIONS DE L'ÉTAT DE L'ÉGLISE.

Divisions.	Capitales.	Situation.
1. Le FERRAROIS . . .	FERRARE . . .	un canal.
2. Le BOLONOIS. . . .	BOLOGNE . . .	un canal.
3. La ROMAGNE. . . .	RAVENNE . . .	le Montone.
4. Le DUCHÉ D'URBIN .		
Comté de Monte-Feltri.	S. LEO.	une mont.
Duché propre d'Urbin. .	URBIN	une mont.
Seigneurie de Pésaro. .	PÉSARO	la Foglia.
Vicariat de Sinigaglia.	SINIGAGLIA. .	Port.
Comté de Gubbio. . .	GUBBIO	une mont.
5. La MARCHE D'ANCÔNE.	ANCÔNE	Port.
6. L'OMBRIE.	SPOLETTE. . .	une mont.
7. Le PÉROUSIN. . . .	PÉROUSE . . .	une mont.
8. L'ORVIÉTAN. . . .	ORVIETTE. . .	un rocher.
9. Le DUCHÉ DE CASTRO.	CASTRO. . . .	ruinée.
10. Le PATRIM. de S. PIERRE	VITERBE. . . .	un ruisseau.
11. La SABINE	MAGLIANO . .	une mont.
12. La CAMPAGNE DE ROME.	ROME (1). . .	le Tibre.

(1) Latit. 41 d. 53' 54''. Longit. 10 d. 9' 15'', selon la Connoissance des Tems. M. de la Lande met 41 d. 54' de latit. & 10 d. 9' de longit. Rome étant au commencement du VIIe Climat, les plus longs jours d'été n'y sont guère que de 15 h. & les nuits d'hiver de même durée.

ARTICLE I.

DU FERRAROIS.

I.

LE Ferrarois occupe la partie du Nord-Eſt de l'Etat de l'Egliſe : il forme un triangle, preſque tout compris entre deux branches du Pô ; celle de ces branches qui coule de l'Oueſt à l'Eſt, dans la partie ſeptentrionale, eſt proprement le Pô ; celle qui, coulant vers le Sud-Eſt, forme un angle avec cette première, porte le nom de *Primaro*.

II.

Ce pays, fort aqueux, & beaucoup plus que je ne l'ai pu indiquer ſur ma Carte, eſt depuis long-temps fort malſain ; l'air y eſt épais, la terre mal cultivée. On y a fait de grands travaux pour en deſſécher de grandes parties ; mais les intérêts de quelques Puiſſances voiſines, autant que les difficultés qu'oppoſe la nature, ont empêché d'amener les choſes où il eſt à deſirer qu'elles ſoient.

« Depuis 1600 on cherche les moyens de ſauver ce » pays des inondations, & bien des tentatives ont été » inutiles. En 1766, on fit faire des viſites ſur les lieux,

» par des perfonnes impartiales, & l'année fuivante on
» commença l'exécution d'un nouveau projet, fous l'inf-
» pection du P. Lecchi, Jéfuite. Ce projet a été confirmé
» par le Souverain Pontife, en 1772. On a élevé, fur la
» rive droite du Primaro, une digue, qui s'étend l'efpace
» de douze milles, jufqu'à la Baftia, & qui met à l'abri
» des débordemens de cette rivière, une très-vafte por-
» tion du pays. On a conftruit de grands canaux
» d'écoulemens, dont on a détourné des bras vers le
» territoire de Marmora & ailleurs, à la droite du Pri-
» maro ; opération qui, en beaucoup d'endroits, offre
» un écoulement confidérable aux eaux de la pluie, &
» qui a defféché les marais de ces vaftes territoires. On
» a renfermé le Sillano dans fon lit : on a garni de
» levées fes bords pendant un efpace confidérable ; &,
» en dirigeant fon cours vers des vallées plus profondes,
» qui font au-deffous de la Baftia, on a mis à fec fes
» bras & prévenu les inondations, qui incommodoient
» l'immenfe terrein de la Maltiola & les terres adja-
» centes, jufqu'aux confins du canton d'Imola. On a
» creufé & garni de digues le *Cavo Benedettino* (creufé
» par ordre de Benoît XIV), qui reçoit le Reno depuis
» 1771. On a fait rentrer, dans un lit certain, le Reno,
» & l'on a entrepris des travaux pour l'y maintenir : on
» a détourné l'Idice dans le Diolo, & rendu par-là beau-
» coup de terres à la culture. Enfin, on a réparé &
» hauffé toute la digue qui règne fur la rive gauche du
» Primaro, & par-là on a prévenu les accidens aux-
» quels étoient expofées les vallées de Comacchio, &
» la Poléfine de Saint-Georges ».

I I I.

Les principales villes du Ferrarois font :
FERRARE, *Archevêché, Univerfité* (1).

---

(1) Forum alieni. Dans une Carte qui m'eft parvenue
de Venife, je vois que c'eft précifément à l'endroit où
eft Ferrare que fe fait la divifion du Pô de Volana &

L'aſpect de cette ville eſt impoſant, &
depuis le paſſage des derniers voyageurs
qui en ont parlé, elle eſt encore bien em-
bellie. Ses fortifications ſont bien entretenues, ſes rues droites & bien alignées;
elle a environ quatorze cens quarante-
quatre toiſes dans ſa plus grande longueur;
mais elle n'eſt pas peuplée à proportion
de ſon étendue. Il y a pluſieurs édifices
aſſez beaux : ſur la place eſt la Cathédrale,
dédiée à S. Georges : on y voit le martyre
de Saint-Laurent, peint par le Guerchini
avec toute la force, l'expreſſion & le coloris
de ſes inſtans de grande vigueur, & le tombeau de Lilio-Gregorio Giraldi, l'un des
plus ſavans hommes de ſon temps, &
dont les Mémoires, ainſi que ceux de ſon
frère, ſervirent de baſe au travail de la
réformation du Calendrier, en 1582. En
face eſt un ancien Château des Ducs de
Ferrare, qui ſert de Palais au Cardinal
Légat : il tient un fort grand état. C'eſt
dans l'Egliſe de S. Benoît que le célèbre
Arioſte eſt enterré : on y voit ſon mauſolée
en marbre, à la droite du grand autel. Ce
fut dans l'hôpital de Sainte-Anne que le

---

du Primaro. Le terrein, au Nord & au Sud du Volana,
porte le nom de *Poléſine*; mais il eſt en bien plus mauvais état que la *Poléſine Vénitienne.*

Tasse fut enfermé pendant sept ans. On voit dans le Réfectoire des Chartreux la *Noce de Cana*, du Bononi ; tableau très-estimé par la variété des situations & des caractères des têtes. Cette ville est la patrie du Cardinal Gui Bentivoglio, de l'Arioste, du Guarini, dont on montre encore la maison, & dans laquelle son poëme du *Pastor fido* fut représenté pour la première fois, & de plusieurs autres personnages distingués.

La Citadelle, qui est à l'Ouest, est grande, forte & régulière : il y a un Arsenal bien fourni, & une garnison de trois cens hommes.

En 1438, le Pape Eugène IV assembla un Concile à Ferrare, pour la réunion de l'Eglise Grecque & de l'Eglise Latine. L'Empereur Jean Paléologue s'y étoit rendu.

N. B. A trois milles de Ferrare on trouve le Pô : on y est conduit par un canal, qui pourtant n'y communique pas. Il faut descendre à l'entrée du *Lago oscuro*, traverser le petit village du port, pour aller prendre une barque semblable à nos diligences d'eau.

COMACCHIO, *Evêché*, au Sud-Est de Ferrare, & bâtie au milieu des marais. Cette ville est très-mal-saine, par sa situation, & par le peu d'habitans qu'elle renferme, qui ne font que des pêcheurs, dont la négligence, en fait de propreté, ajoute encore au mauvais état de la ville.

Cette ville avoit été conquise en 1708, par l'Empereur Joseph, qui la fit fortifier. Charles VI, son successeur, l'a rendue au Pape Benoit XIII, en 1725. Il y a, aux environs, des salines, qui sont d'un grand revenu pour le Saint-Siége.

ARTICLE II.

DU BOLONOIS.

I.

LE Bolonois est plus long que large ; il s'étend du Sud-Ouest au Nord-Est. Il a au plus vingt lieues dans ce sens, sur douze au plus de l'autre.

II.

En général ce pays est plat dans sa partie septentrionale & dans sa partie orientale ; mais la partie méridionale est montueuse, & l'on y trouve l'Apennin. A quelques milles, au Sud de Bologne, on trouve des collines de sable, de marne & de pierres à chaux ; peu après se trouve l'Apennin, qui offre, en cet endroit, de la pierre à chaux grise, avec des pétrifications : elle est disposée en couches placées les unes sur les autres.

Le lieu nommé *Pietra Mala*, dont j'ai parlé dans la Géographie physique, est situé dans l'Apennin, au plus haut point de la traversée de Bologne à Florence. Quoique l'on ne trouve point de terres volcaniques dans le Bolonois, depuis quelque temps on y a été fort incommodé par de fréquens tremblemens de terre, & même par des feux qui se font élevés à sa surface.

On trouve aux environs de Bologne, du cryftal de roche & des pétrifications de différentes efpèces ; mais aucune des productions de ce genre n'eft auffi connue que la *Pierre de Bologne*. Cette pierre, que les gens du pays nomment *Cuminabilé*, & qui n'eft qu'une efpèce de fpath féléniteux, fuivant M. Margraaf, fe trouve vers le Mont Paderno, affez près de la ville. Il fuffit de la mettre au feu pendant une demi-heure, pour la rendre phofphorique. On ne doit cependant pas laiffer ignorer que cette propriété eft commune à toutes les fubftances féléniteufes, & que le gyps ou plâtre de Montmartre donne, par la fimple calcination, un phofphore analogue à celui de Bologne.

Le principal fleuve du Bolonois eft :
Le *Reno* (1), qui prend fa fource dans l'Apennin, & coule du Sud-Oueft au Nord-Eft, pour fe rendre dans des marais, en deçà du Pô de Primaro, à l'Oueft de Ferrare. Il communique avec la ville de Bologne par un canal.

On a fait à différentes reprifes de grands travaux, pour l'écoulement des eaux du Reno. Les uns tendoient à faire rendre le Reno dans le Pô de Ferrare ; mais cette ville, alarmée par la crainte des débordemens, s'y oppofa ; d'autres avoient pour objet de faire rendre le Reno dans le Primaro, pour aller ainfi à la mer : aucun de ces projets n'eft encore exécuté. Les eaux du Reno ont une qualité fingulière pour la préparation des foies.

____

(1) Le Renus.

La campagne des environs de Bologne eſt de la plus grande fertilité & de l'aſpect le plus riant ; mais il y en a de grandes parties devenues inhabitables par les débordemens des eaux , qui les ont converties en marais. Il vient dans le Bolonois de très - bons fruits , & particuliérement d'excellens raiſins ; les melons y ſont excellens. Le chanvre , les olives , le tabac , y ſont d'une très-bonne qualité , ainſi que les bois de noyer. Les eaux y ſont meilleures que dans le reſte de la Lombardie.

I I I.

Les lieux qu'il importe de faire connoître ici ſont :

BOLOGNE , *Archevéché* , *Univerſité.* Cette ville , qui forme une eſpèce d'exagone fort irrégulier , a douze cens toiſes environ de diamètre : elle eſt diviſée en quatre quartiers , chacun répondant à-peu-près aux quatre points cardinaux. Ses rues ſont belles ; mais les maiſons , quoique bien bâties , n'ont rien de bien intéreſſant par leur aſpect ; elles ſont accompagnées de chaque côté de portiques , à la faveur deſquels on peut aller par toute la ville à l'abri du ſoleil & de la pluie , & pluſieurs de ces portiques ſont fort beaux. La place publique eſt une des plus majeſtueuſes que l'on puiſſe voir, par l'aſpect des grandes maſſes qui la ferment. Le principal objet eſt un Château, où jadis fut enfermé un Roi de Sardaigne, qui y mourut priſonnier ; il y a un beau Portique : là eſt auſſi le Château du Légat, où fut tenu, entre François I & Léon X, le Concordat qui abolit la Pragmatique-Sanction : de l'autre côté encore une grande maſſe avec un portique, & enfin l'Egliſe de S. Petronio. Au milieu eſt une belle fontaine, dont le Neptune eſt de Jean de Boulogne. Cette ville d'ailleurs n'a qu'une ſimple muraille de briques, ſans foſſés & ſans fortifications ; mais c'eſt une des villes d'Italie les plus riches en tableaux. On y compte un très-grand nombre d'Egliſes, & il n'y en a pas une qui n'offre quelque peinture rare. On voit auſſi des chefs-d'œuvre de ce genre dans différens Palais, entre leſquels il faut citer le Palais *Buon Figlioli*, comme un des plus riches en peinture. On cite, comme le plus beau, le tableau du Guide, repréſentant Saint Pierre pleurant ſa faute, conſolé par Saint Paul : c'eſt le morceau le plus parfait de ce Peintre ; il eſt dans le Palais Sampieri : on n'a jamais voulu permettre qu'il fût gravé, ni même deſſiné. Cette ville a une Académie célèbre, connue sous le nom d'*Institut de Bologne*; & son Université, fondée en 425, par Théodore, a pris depuis différens accroissemens. On y enseigne toutes les Sciences. Le bâtiment des Écoles est vaste, l'amphithéâtre bien disposé, &c. Des deux Théâtres, l'un est une salle très-resserrée; l'autre est vaste, mais d'une mauvaise construction: on n'y entend pas les voix. Cette ville a produit beaucoup de grands hommes en différens genres: entre les Papes, Honoré II, Léon II, Innocent IX, Grégoire XV & Benoît XIV; un grand nombre de Cardinaux; entre les Savans, on cite Aldrovande, Malpighi, Scipio Ferrao, &c.; & parmi les Peintres, le Guide, le Dominicain, l'Albane, les trois Carraches: le célèbre Manfrédi étoit tout-à-la-fois Astronome, Ingénieur, & très-excellent Poëte.

Description particulière. De tous les édifices de Bologne, celui qui frappe de plus loin est la tour *degli Asinelli*, ou des Anes. Elle est de brique, fut bâtie en 1109, & a de hauteur trois cens sept pieds. On remarque avec surprise que cette tour est inclinée de trois pieds & demi. On apperçoit de dessus, Cento, petite ville qui est à huit lieues environ, & trois autres villes assez éloignées. Cette tour n'est pas la seule dans la ville.

Le Dôme, ou la Cathédrale, est un bâtiment moderne, dont le portail a quelque chose de grand, quoique d'un mauvais style. L'intérieur en est vaste & beau. La fresque du Sanctuaire est une *Annonciation* de Louis Carrache, largement dessiné & d'un grand caractère,

L'Eglife de Saint-Pétronio eft plus vafte ; mais elle eft dans le goût gothique. C'eft dans cette Eglife que l'Empereur Charles - Quint fut couronné par le Pape Clément VII : & le Concile de Trente s'y affembla après avoir quitté la ville dont il porte le nom, à caufe du ravage que la pefte y faifoit en 1547. C'eft auffi dans cette Eglife que fe trouve la fameufe méridienne qu'y fit tracer M. de Caffini en 1655, & dont le gnomon a quatre-vingt-trois pieds de haut (1).

La grande Place a pour principale décoration une belle fontaine très-ornée, dont les figures en bronze font de Gio Bologna. On remarque fur-tout le Neptune dans l'attitude & avec le caractère du *Quos ego* de Virgile. Le Palais de la Seigneurie, dont l'extérieur n'a rien de remarquable, eft auffi fur la place. C'eft dans ce Palais que logent le Cardinal-Légat, Gouverneur de la ville, & le Gonfalonier, qui répond à notre Lieutenant-général de Police, avec cette différence qu'il eft auffi Chef de l'adminiftration des revenus publics. C'eft auffi là que s'affemble le Sénat : il y a une garde Suiffe à la porte.

Quant à l'Inftitut, appelé auffi à Bologne *la Specula*, à caufe de fon Obfervatoire, c'eft le premier des établiffemens de ce genre, au moins en Italie. C'eft un vafte Palais qui fut acheté par le Sénat en 1714, pour y placer les raretés dont le Comte de Marfigli avoit enrichi fa patrie. On y trouve une Académie des Sciences, une Bibliothèque, un Obfervatoire, un grand Cabinet d'Hiftoire Naturelle & un de Phyfique ; des falles pour la Marine, pour l'Art Militaire, pour les Antiquités, pour la Chymie, pour les Accouchemens, pour la Peinture & pour la Sculpture. Des Profeffeurs y donnent des leçons de chacune de ces connoiffances (2) ; mais

---

(1) La lumière du foleil y entre par une ouverture qui a un pouce de diamètre, & qui eft élevée de 71 pieds 5 pouces bolonois, équivalans à 83 pieds 5 pouces de Paris ; ce qui fait 2 fecondes & 10 tierces, ou la fix cent millième partie de la circonférence de la terre. M. *de la Lande.*

(2) Comme l'ordre dans lequel font indiquées les falles de ce Palais dans un voyage très-connu, n'eft pas celui dans lequel elles font difpofées, & que ce renverfement eft réellement

malheureufement les fondations n'étant pas affez confidérables, cette Univerfité commence à perdre de fon
éclat. Il faut, pour les talens, de l'émulation & de
l'argent. Je finirai par cette remarque d'un voyageur,
homme d'efprit. « En général, tout eft petit à Bologne :
» petite Univerfité, petits Hôpitaux, petit commerce,

---

une erreur, je vais les indiquer ici de fuite, en faifant ainfi
connoître leur deftination particulière.

Première falle. Deftinée aux Sciences de l'Académie d'Architecture : elle eft en quelque forte tapiffée de morceaux de
deffins qui ont remporté des Prix.

Seconde falle. On y voit les modèles en bois des obélifques
de Rome.

Troifième falle. Elle offre tout ce qui peut avoir rapport
aux accouchemens. On ne connoît rien en Europe qui ap-
proche de cette fuperbe collection. Elle eft bien decrite dans
le voyage de M. *de la Lande*, tome II, première édition.

Quatrième falle. On y voit un mannequin dans un fauteuil
de frife, &c.

Cinquième falle. Dans le fond eft l'amphithéâtre du Deffin.

Sixième, feptième & huitième falles. Des modèles en plâtre.

Neuvième, dixième & onzième falles, en revenant du même
côté par où l'on a commencé. Ces trois pièces font deftinées
à la Chimie.

Douzième & treizieme falles. Des portraits.

Quatorzième falle. Deffins des plus grands Maîtres. Ils ont
été donnés par un particulier, Religieux, il y a environ fept
ans (ce 20 Août 1785).

Quinzième falle. Des Antiques. On y voit une fuperbe
momie ; des amphores bien différentes de celles *della villa
Ludovifi* à Rome, mais comme celles de Pompeia ; une table
égyptienne de bafalte, avec des hiéroglyphes ; une patère étruf-
que ; Minerve qui fort toute armée du cerveau de Jupiter, &c.

Seizième falle. Vafes étrufques, bronze, &c. entre lefquels
on remarque la patère Cafpienne.

Dix-feptième falle. Des faïances de Raphaël. Elle renferme
auffi le cabinet des Médailles.

De plus deux falles remplies de pièces d'Anatomie.

L'Hiftoire Naturelle occupe deux autres chambres qui ont
chacune leur objet.

La Phyfique comprend quatre falles.

Deux falles pour les plans & les fortifications.

Deux autres renferment des vaiffeaux de différentes conf-
tructions. Dans l'une des deux, où l'on a placé la Géographie, il y a une Bibliothèque de tous les Auteurs Géographes.

Enfin l'Obfervatoire où font des Inftrumens & un Profef-
feur qui s'occupe d'Aftronomie.

» petits honoraires pour les places, &c. Et cette ville
» importante par sa situation, sa grandeur, sa richesse
» naturelle, est dans un état d'apathie. Cependant le
» Légat est un homme du plus grand mérite, d'un
» mérite étonnant ».

Il y a à Bologne une Académie de Peinture, fondée
par le Pape Clément XI, & nommée, par cette raison,
l'*Académie Clémentine*.

Le Théâtre, tout voûté en pierres ou en briques,
avec quatre rangs de Loges & un *Paradis*, est très-beau,
& l'intérieur de la salle est garni de gradins jusqu'aux
premières loges.

L'Inquisition de Bologne est exercée par les Jacobins,
& les prisons du saint Office sont dans leurs Couvens.

Histoire. J'ai dit précédemment (1) que Bologne avoit
été considérable sous les Lombards. Pepin, après la leur
avoir enlevée, la donna au Pape. Vers l'an 776 l'Archevêque de Ravenne y usurpa l'autorité ; au temps de
Charlemagne, en 800, elle revint au Pape, sous la protection de cet Empereur. Dans la suite elle entreprit de
se remettre en liberté ; mais elle fut très-maltraitée par
Louis, fils de l'Empereur Lothaire. Bologne passa ensuite
aux Seigneurs particuliers de la Toscane. Mais, après
la mort de la Comtesse Mathilde, les Bolonois, qui
étoient devenus riches & puissans, s'érigèrent en Etat
Républicain, & même s'emparèrent de quelques villes
voisines : ils en vinrent à former, dans les douzième &
treizième siècles, un des plus puissans Etats de l'Italie.
Des factions ayant déchiré la ville, on recourut à la
protection du Pape, contre lequel ensuite on se souleva.
La ville fut depuis déchirée par d'autres factions, &
gouvernée par quelques Despotes, dont plusieurs furent
assassinés. Enfin, & sans retour, Bologne se donna au
Pape Jules II en 1513, à condition que l'on ne cons-
truiroit pas de Citadelle, & que l'on n'y confisqueroit
pas les biens d'un Citoyen, sous quelque prétexte que
ce soit : ensorte qu'elle conserve une ombre de la forme
Républicaine : elle a même un Ambassadeur à Rome.

Les Bolonois, dit un voyageur moderne, (*Lettres de*

____

(1) *Italie ancienne.*

Suiſſe & d'Italie) ſont grands donneurs de coups de couteau : ils ont cette réputation dans toute l'Italie, même pardeſſus les Génois, qui fuient devant eux : il n'eſt preſque pas de jour qu'il n'y ait quelqu'un d'expédié de cette manière. L'inſtrument dont ils ſe ſervent pour ouvrir le ventre de leur ennemi ſe nomme un *ſept & demi* du prix qu'il coûte. Mais comme ces aſſaſſinats ne ſont pas commis par des voleurs, les gens honnêtes & ſans intrigues ſont à Bologne en auſſi grande ſûreté qu'à Paris.

LE FORT D'URBIN eſt au Nord-Oueſt, près du Panaro ; c'eſt un lieu peu conſidérable.

I V.

Le Bolonois eſt gouverné par un Cardinal-Légat, & par un Vice-Légat : mais c'eſt conjointement avec deux Sénateurs qu'ils prononcent ſur les affaires du pays ; car, comme je l'ai dit, on y conſerve la forme Républicaine. Auſſi la grande police & l'adminiſtration municipale ſont-elles tenues par le Sénat, compoſé de Nobles ; la petite par un Corps de bourgeois notables que préſide un Sénateur. La population de tout l'Etat peut aller à deux cens cinquante mille ames, en y comprenant celle de la Capitale, qui eſt de ſoixante-dix mille ames. Les biens-fonds ne paient aucuns droits ; & ceux qui ſont mis ſur les objets de commerce ſont très-légers. La juſtice eſt rendue au nom du Pape par un Corps de Juges nommés par le Légat, & chaque Légat peut les changer. La République, comme je l'ai dit, entretient un Ambaſſadeur à Rome. Le Gonfalonier a pour ſa garde une Compagnie de Sbires ; & le Légat, une Compagnie de Chevaux-Légers.

ARTICLE III.

DE LA ROMAGNE.

I.

CE pays s'étend du Nord-Ouest au Sud-Est. Il a au Nord, le Ferrarois; au Nord-Ouest, le Bolonois; à l'Ouest, une partie de l'Apennin, qui le sépare de la Toscane; au Sud-Est, le Duché d'Urbin; & à l'Ouest, le Golfe Adriatique. Il a environ vingt lieues dans sa plus grande longueur, & dix dans sa plus grande largeur.

II.

Ce pays n'est montagneux qu'à sa partie occidentale, bornée toute entière par l'Apennin.

Ses principaux fleuves sont:

Le *Santerno* (1), qui commence en Toscane, près de Fiorenzuola, passe à Imola, & se rend au Sud-Est, dans des marais.

Le *Montone* (2), qui commence au Sud-Ouest, passe à l'Ouest de Forli, au Nord de Ravenne, & se rend dans le Golfe

____

(1) Le Vatrenus.
(2) L'Utis.

Adriatique, mêlé avec le fleuve suivant.

Le *Ronco* (1), qui coule presque parallélement au fleuve précédent, & se rend avec lui dans le Golfe.

La *Marrechia* (2), au Sud, sûr les confins du Duché d'Urbin, & se jettant dans le golfe auprès de Rimini.

Ce pays est bon & fertile : il abonde surtout en excellens fruits. On y trouve quelques mines, & l'on fait beaucoup de sel sur la Côte.

III.

Les principales villes de la Romagne sont :

RAVENNE, *Archevéché ;* elle est actuellement à une lieue & plus de la mer, qui s'est retirée de ce côté : ou du moins ce terrein s'est tellement élevé par les sables que les fleuves y ont amenés, que cette ville, qui étoit anciennement un port, se trouve à présent fort avant dans les terres. Il y a un beau canal qui conduit à la mer par un trajet de sept milles, & dont on pourroit se servir pour y faire refleurir le commerce. Cette ville est encore fort belle, par plusieurs monumens, & par la

---

(1) Le Bedesis.
(2) L'Ariminius.

grande quantité de marbre blanc & noir qui s'y trouve. On y compte vingt-une Paroisses, quatre Abbayes régulières, neuf Maisons de Religieux, cinq Monastères de filles, cinq Conservatoires pour l'éducation des deux sexes, un Séminaire, un Collège, & quarante autres Eglises ou Chapelles ; il y a aussi un Collège de Médecine & deux Académies.

La Cathédrale est un ancien bâtiment, l'un des plus célèbres de l'Italie, par les anciens droits de ses Prélats. On y voit quatre rangs de belles colonnes grecques. L'Eglise de Saint Vital, qui est de la construction la plus bisare, & un mélange confus de tous les genres, est précieuse par les détails. Elle renferme le tombeau de Placidie, fille de Théodore-le-Grand ; & ceux des Empereurs Honorius & Valentinien III. On y voit une Chapelle peinte par le Dante. Le tombeau du Dante est dans une petite rue, tout près du Cloître des Franciscains. Le Cardinal Conzagat, Légat actuel, ou qui l'étoit il y a peu de temps, l'a fait décorer d'un monument qui en perpétuera le souvenir. Ce Poëte, né en 1265, mourut à Ravenne en 1321 : il étoit dans le parti des Gibelins & de l'Empereur, contre le Pape & les Guelphes.

Sur la Place de Ravenne on voit deux Statues, l'une représentant Clément XII assis ; elle est en marbre, faite par Pietro Bacci ; l'autre, bien moins bonne, est de bronze ; elle représente Alexandre VII. On voit à Ravenne deux tours qui penchent. L'une *ronde*, est près de la Cathédrale : elle penche dans sa base jusqu'au premier cordon ; l'autre, *quarrée*, placée un peu plus loin, penche bien davantage. La Maison des Bénédictins de S. Vital renferme entre autres objets un Cabinet de Physique chirurgicale, où l'on a rassemblé tout ce qui peut avoir rapport à cet art salutaire.

Hors de la ville est l'Eglise Rotonde, monument à deux étages, érigé à la mémoire de Théodoric, Roi des Goths, par sa fille Amalasonte, nièce de Clovis. Il a quarante pieds de hauteur, & est couvert d'une seule pierre d'istrie, qui a trente-quatre pieds de diamètre. Les Bénédictins, auxquels il appartient, y ont fait faire un escalier pour arriver, dont le soubassement est noyé par l'eau puante qui y séjourne, & qui est rempli de reptiles vénimeux. La voûte de cet édifice est fendue.

Le Cardinal-Légat, résidant actuellement à Ravenne, fait tout ce qui dépend de lui pour y exciter l'amour du travail & l'activité du commerce.

Ravenne communique à la mer par un canal de six milles de longueur.

Révolutions historiques. Ravenne, ville de fondation grecque, a été occupée successivement par les Sabins, par les Gaulois. Après avoir été fameuse sous les Romains, elle fut la Capitale des Hérules & des Ostrogoths. Conquise par Bélisaire, elle devint le siège des Exarques ; puis elle passa aux Lombards, aux Empereurs d'Allemagne & au Pape. Redevenue libre, elle éprouva des divisions intestines entre ses tyrans, dont elle fut délivrée, pour rentrer sous la domination de Rome.

N. B. Je trouve dans une note faite sur les lieux par un homme de mérite, qu'un voyageur curieux doit aller jusqu'à *Classe di fuori*, à trois milles de Ravenne. On y voit le tombeau de S. Apollinaire sur l'emplacement de l'ancienne *Ravenna*, & vingt-quatre colonnes antiques de différentes matières, mais toutes très-précieuses.

IMOLA (1), *Evêché*, à l'Ouest de Ravenne, sur la route de Bologne à Faenza, sur le Santerno. Outre sa Cathédrale, dédiée à Saint Cassien, elle contient quinze Paroisses, onze Couvens d'hommes & six de filles. Il y a une Académie de Littérature, établie en 1656, sous le nom des

____

(1) Forum Cornelii.

Induſtrioſi. Le Théâtre eſt aſſez bien. Le Pape actuel y fait conſtruire, par le Cavalier Morelli, un Hôpital à la porte du Nord. Ce monument, comme tous ceux de cet Architecte, porte un caractère de grandeur dans la maſſe des idées & dans les incorrections.

Cette ville, depuis la deſtruction de l'ancienne Forum Cornelii, fut bâtie par Clefi, qui ſuccéda à Alboin, Roi des Lombards ; après avoir eu différens maîtres, elle étoit au pouvoir de Céſar Borgia, ſecond fils naturel d'Alexandre VI, ſur lequel le Pape Jules II s'en empara. On ſait que ce Prince, brave d'ailleurs, & allié de Louis XII, fut un monſtre de fourberies & de cruautés.

FAENZA (1), *Evéché*, vers le Sud-Oueſt, ſur l'Amone, ou la Lamone (2). Cette ville eſt aſſez grande & bien bâtie ; mais ſes rues ſont étroites, excepté celle qui traverſe toute la ville. La place eſt décorée d'un portique qui ſupporte tout à l'entour une belle galerie. Outre ſa Cathédrale, dédiée à Saint Pierre, on y compte vingt-huit Paroiſſes, douze Couvens d'hommes & huit de filles.

C'eſt dans cette ville que l'on a, pour la première fois, travaillé l'argille avec un vernis blanc pardeſſus, pour en faire une eſpèce de poterie, qui s'eſt fort ré-

____

(1) Faventia.
(2) Je trouve ce nom écrit des deux manières.

panduc, & a conservé le nom de sa ville originaire, un peu altéré, en celui de *faïance*. On dit que ce fut un Italien qui, connoissant la terre & les procédés de Faënza, & retrouvant à Nevers une terre semblable, y établit la première Manufacture de *faïance* connue en France.

FORLI (1), *Evêché*, au Sud-Est de Faënza, sur une hauteur, dans un terroir sain & fertile. Outre sa Cathédrale, on y compte dix-neuf Paroisses, seize Couvens d'hommes & sept de filles. Il y a un Collège, une Académie & un Hôpital, qui s'annonce par un grand & superbe escalier. Les Citadelles qui défendoient autrefois cette ville, sont à présent fort négligées. La place publique est une des plus belles de l'Italie. Les rues sont larges, & il y a quelques beaux Palais.

Les environs de cette ville offrent des promenades charmantes : il s'y trouve beaucoup d'oliviers. Le peuple y est gai & poli.

MELDOLA, presque au Sud, est une très-petite ville : elle a titre de Principauté, & appartient à la Maison Pamphile.

BERTINORO, *Evêché*, au Nord-Est de Meldola, est sur une petite colline. Outre sa Cathédrale, dédiée à Sainte Catherine,

______

(1) Forum Livii.

on y compte trois Paroisses & cinq Couvens. Ses environs sont très-agréables.

CESENA, *Evéché*, à l'Est de Bertinoro, & sur la route de Rimini. C'est une petite ville assez agréable, bâtie au pied d'une montagne, & qui a appartenu à César-Borgia.

Outre sa Cathédrale, dédiée à Saint Jean-Baptiste, il y a quatorze Couvens d'hommes & sept de filles. Sur la place est l'Hôtel-de-ville, qui est un assez beau bâtiment, & une fort belle fontaine. Céséna est commandée par une Citadelle, dont on n'a pas grand soin. Sa population est d'environ quatorze mille ames. C'est la patrie du Pape actuel Pie VI, qui y a établi une petite Université.

RIMINI (1), *Evéché*, au Sud-Est de Céséna, Port, à l'embouchure de la Marecchia, & à demi-lieue de chemin de la mer. Elle y communique par un canal qui devroit passer sous le pont S. Julien, mais qui est presque toujours à sec. Cette ville, autrefois très-considérable, est aujourd'hui très - petite ; mais elle est bien ouverte, assez bien bâtie, & ne laisse pas d'être peuplée. Mais, comme on ne peut aborder à son port qu'avec des barques,

____

(1) Arriminium.

B 4

il s'y fait très-peu de commerce. Cependant l'emplacement est beau; & avec de l'activité il seroit possible de remettre ce port en bon état. Mais, dit un Auteur très-moderne, « c'est une maladie générale » dans les Etats du Pape, que cette pa- » resse. C'est le rempart qui, de tous » côtés, s'oppose à l'avidité des Princes » voisins ». Outre sa Cathédrale, dédiée à Sainte Colombe, il y a quatorze Paroisses, six Couvens d'hommes & six de filles (1). Cette ville est plus longue que large : elle a une grande Place fort belle, ornée de portiques tout autour.

On admire à Rimini un arc de triomphe, élevé en l'honneur d'Auguste, le mieux conservé de toute l'Italie : il a d'ouverture en largeur vingt-sept pieds cinq pouces; ce qui donne trois pieds cinq pouces de plus que n'a la porte Saint-Denis. Il a un reste d'inscription du côté de la campagne. Sur la Place est un piédestal, sur lequel on croit que César harangua ses soldats, lorsqu'après avoir passé le Rubicon, il entra en Italie. Il y a du côté du Nord-Ouest un pont sur la Marecchia, lequel est de marbre, & dont quatre arches sont antiques : la cinquième est d'un travail moderne. La statue du Pape Paul V, faite en bronze, est dans une des Places de la ville. Le Couvent des Capucins est bâti sur l'emplacement d'un amphithéâtre antique. Le jardin de ces Pères donne encore

---

(1) Entre les Eglises on doit distinguer celle de S. Francesco, parce qu'elle offre le passage du gothique au bon goût ramené en Italie. On y soupçonne toutes les belles formes sous une apparence de rusticité. Elle fut bâtie en 1450, par Sigismond Malatesta.

la forme de l'arène. On eût peut-être trouvé des Antiques en ce lieu, si l'on y eût fouillé. J'ajouterai qu'à Rimini les hommes & les femmes s'habillent avec beaucoup de prétention, mais d'une manière qui passe ce que l'on exposeroit de plus ridicule au théâtre.

ARTICLE IV.

DE LA RÉPUBLIQUE DE S. MARIN.

EN revenant vers le Duché d'Urbin, on trouve, au Sud-Ouest de Rimini, la petite République de S. Marin, qui n'a que très-peu d'étendue, puisqu'elle se réduit à la montagne sur laquelle est placée la ville, & à deux Châteaux, qui forment avec elle toutes ses possessions.

S. Marin, au Sud-Ouest de Rimini, est situé sur une montagne fort haute, & n'est abordable que par un seul chemin. Il est très-défendu d'en chercher un autre. Elle n'offre rien d'intéressant ; ses maisons ont l'extérieur fort simple ; il n'y a point de fontaines ; mais on y reçoit dans des citernes l'eau des pluies & de la neige, dont la montagne est couverte pendant trois mois de l'année. Les caves y font d'une grande fraîcheur, & le vin des environs est excellent. Il y a une Collégiale.

Histoire. Au commencement du sixième siècle, un maçon, nommé Marino ou Marin, appelé de Dalmatie

pour travailler à Rimini, après trente ans d'ouvrage, se
retira sur la montagne qui prit depuis son nom, & y
vécut en hermite. Edifiée de ses vertus, une Princesse
à laquelle appartenoit la montagne, la lui donna en toute
propriété. Sa réputation lui attira des admirateurs, &
sa piété le fit regarder dès-lors comme un Saint, ce que
l'Eglise confirma ensuite. Peu jaloux de l'honneur d'être
le Fondateur d'un nouvel Ordre de Cénobites, il pré-
féra l'avantage d'établir une Société politique, dont les
membres fussent ou pussent être vertueux sans y être
forcés par des sermens. Les loix qu'il établit sont simples ; mais elles ont servi au maintien de son petit Etat.
D'ailleurs tout Citoyen y est soldat, & les exercices
militaires font partie de leur éducation.

C'est dans la Nation que réside le pouvoir souverain.
Chaque Maison a un représentant ; s'ils étoient tous assem-
blés, ce seroit le Conseil général, appelé *Arengo*. Mais
on choisit quarante personnes, qui forment un Conseil
que l'on appelle des *Soixante* (peut-être a-t-il été de ce
nombre), & qui représente la République dans les
affaires ordinaires. Le petit Conseil est tiré moitié des
familles Nobles, & moitié des familles Plébéïennes : &
aucun jugement ne passe qu'il n'y ait les deux tiers de
voix. Il y a deux Magistrats, espèces de Consuls, qui
s'élisent tous les six mois. La République, qui veille à
tout ce qui peut intéresser ses Membres, nomme non-
seulement le Commissaire qui juge les causes civiles &
criminelles, mais de plus le Médecin, qui doit être un
étranger, & qui ne reste en place que trois ans ; & le
Maître d'Ecole, qui doit être un homme instruit. Ce
peuple n'a pas les jouissances des grandes villes ; mais
il passe pour goûter un bonheur tranquille & durable,
qui l'en dédommage avantageusement.

ARTICLE V.

DU DUCHÉ D'URBIN.

I.

CE Duché s'étend le long du golfe de Venise, depuis la Romagne jusqu'à la Marche d'Ancône. Il a, à l'Ouest, une partie de la Toscane & le Péroufin.

Il a au plus dix-huit lieues du Nord au Sud, & seize dans sa plus grande largeur de l'Ouest à l'Est.

II.

En général ce pays est assez plat, si ce n'est que vers le Sud-Ouest il touche à l'Apennin, & qu'au Nord on trouve le Mont Feltri.

Ses principales rivières sont :

La *Foglia* (1), qui a sa source dans l'Apennin, sur les frontières de la Toscane, coule par le Nord d'Urbin, & va se rendre dans le golfe de Venise à Péfaro.

Le *Métro* (2), qui, dans la partie méridionale de ce Duché, coule aussi de

____

(1) Le Pifaurus.
(2) Le Metaurus.

l'Ouest à l'Est, & se rend dans le golfe
au Sud de Fano.

En général ce pays est mal-sain & peu
fertile ; cependant, en quelques endroits
on y recueille de bon vin, des olives &
d'autres fruits.

I I I.

Ce Duché, en commençant par le
Nord-Ouest, se divise en Comté de Monte
Feltri ; Duché d'Urbin proprement dit ;
Seigneurie de Pésaro ; Vicariat de Siniga-
glia, & Comté de Gubbio.

§. I.

Comté de Monte-Feltri.

Ce petit Comté a pris son nom de la
montagne qui en occupe une grande
partie.

S. Leo (1), *Evéché*, en est la ville principale : elle est peu fréquentée par les
étrangers, & peu connue.

______

(1) Mons Ferretri, ou Ferretratus.

§. II.

Du Duché d'Urbin proprement dit.

Ce Duché est bien plus étendu : il renferme,

URBIN (1), *Archevéché*, *Capitale* de tout ce Duché. Cette ville est sur une montagne, ce qui rend ses rues assez inégales ; d'ailleurs elle est assez belle & bien bâtie. On y compte six Paroisses, dix Couvens d'hommes & six de filles. Sa Citadelle tombe en ruines ; mais on voit encore l'ancien Palais de ses Ducs. Elle a donné naissance au célèbre peintre Raphaël, à Polydore Virgile, & à quelques autres hommes connus.

FOSSOMBRONE (2), *Evéché*, vers le Sud-Est, près du Métro. Elle est peu considérable, quoique sur la route de Spolette à Fano, parce qu'elle est moins fréquentée que celle de Spolette à Lorette. Il y a une Paroisse, quatre Couvens d'hommes & deux de filles.

FANO (3), *Evéché*, au Nord-Est de Fossombrone, & à l'Est d'Urbin, sur le

---

(1) Urbinum.
(2) Forum Semproni.
(3) Fanum Fortunæ.

bord du golfe. Cette ville eſt fortifiée : elle eſt d'ailleurs peu conſidérable ; ſes maiſons ſont bâties en briques. Outre ſa Cathédrale, dédiée à l'Aſſomption, elle renferme ſeize Paroiſſes, huit Couvens d'hommes & cinq de filles. Son Collège a titre d'Univerſité.

Ce qui mérite vraiment l'attention des curieux, c'eſt un arc de triomphe, très-maltraité du temps, mais du travail le plus précieux. Tout eſt du même ſtyle, le premier & le ſecond ordre. Voici l'inſcription qui s'y lit :

Imp. Cæſar divi F. Auguſtus Pontifex maximus Cor. XIII. Tribunitiâ poteſt XXXII; Imper. XXVI Pater Patriæ murum dedit.

Dans la friſe du ſecond ordre, comme on le voit par le plan tracé ſur la muraille de la petite Egliſe voiſine, on liſoit :

Divo. Auguſto. Pio. Conſtantino patri dominorum.

En ſortant on voit la chûte d'eau ménagée pour nettoyer le port, ſelon le ſyſtème des Anciens : c'eſt une caſcade artificielle.

Il faut remarquer que cette ville ne faiſoit pas partie du Duché d'Urbin, & qu'elle fut ſoumiſe au Saint-Siège avant ce Duché.

§. III.

De la Seigneurie de Péſaro.

Cette Seigneurie eſt au Nord-Eſt d'Urbin, ſur le bord du golfe.

PESARO(1), ou PEZZARO, *Évêché, Port,*

---

(1) Piſaurum.

en eſt la principale ville : elle eſt bien
bâtie ſur une hauteur, à l'embouchure de
la Foglia. Ses rues ſont larges & bien
alignées ; mais la grande rue eſt la ſeule où
il y ait du commerce. En été l'air y eſt
mauvais. Il y a un fort beau pont ſur la
Foglia, de belles Places & quelques Palais.
Outre ſa Cathédrale, dédiée à l'Aſſomption, & dans laquelle on voit des plus
beaux tableaux du Guide, il y a ſept Paroiſſes, huit Couvens d'hommes & quatre
de filles. Les curieux y voient avec intérêt
deux galeries renfermant, l'une des Tableaux & quelques deſſins d'un grand prix,
l'autre des Antiques. Elle a donné naiſſance
à Clément XI.

On a conſtruit un beau canal qui va juſqu'à la mer,
& dans lequel ſe retirent les grandes barques qui partent
& arrivent à Peſaro. La promenade eſt belle depuis la
plage & le long des bords du canal.

Peſaro a un Evêque Cardinal, un Gouverneur Prélat,
dont la Place eſt Cardinaliſte : il a des Gardes-Suiſſes,
comme ceux du Pape.

§. I V.

Du Vicariat de Sinigaglia.

Ce Vicariat eſt au Sud-Eſt du Métro,
ſur le bord du golfe.

Le territoire, ſans être trop fertile, y

produit cependant de bon vin : l'eau y est mauvaise.

SINIGAGLIA (1), appelée aussi quelque-fois Sénégaglia, *Evéché*, est une petite ville assez peuplée, bien bâtie & bien percée : elle est défendue par un Château peu considérable. Quoique maritime, on ne peut pas dire que cette ville ait un port. Il n'y a, pour les bâtimens, qu'une plage & un canal qui traverse toute la ville : il est rempli des eaux de la rivière de Nigole (2), ce qui partage Sinigaglia en vieille & en nouvelle ville. Outre sa Cathédrale, dédiée à Saint-Pierre, elle a trois Paroisses, cinq Couvens d'hommes, un de filles, & une Maison de Prêtres de l'Oratoire. Il y a un beau portique sur le quai.

Cette ville ne laisse pas d'être commerçante. Il s'y tient tous les ans, au mois de Juillet, une foire consi-dérable. Le débordement arrivé le 23 de ce mois, en 1765, y causa un grand ravage.

---

(1) Sena gallica.
(2) Je trouve cette rivière nommée aussi *Misa*.

§. V.

Comté de Gubbio.

Ce Comté occupe la partie la plus méridionale du Duché d'Urbin.

Le pays est froid à cause des montagnes qu'il a au Sud & à l'Ouest.

GUBBIO (1), *Evêché*, précisément au Sud d'Urbin. Elle est au pied de l'Apennin. C'est une petite ville assez peuplée à cause de son commerce de laine. Elle renferme, outre sa Cathédrale, six Paroisses, dix Couvens d'hommes & onze de filles. En 1751, elle souffrit beaucoup d'un tremblement de terre.

Près de la ville de l'ancienne *Iguvium*, à laquelle a succédé Gubbio, étoit un Temple de Jupiter, dans une forêt de chênes. En 1444 (2), ou, selon le dernier Ouvrage de M. Gébelin, en 1456, on trouva des tables de bronze chargées d'inscriptions. Deux sont en caractères latins, les cinq autres, en caractères que l'on appela long-temps Etrusques, mais qui sont plutôt Ombriens & Sabins. Ces tables, expliquées par le savant Passéri, noble Eugubien, très-versé dans les antiquités de l'Italie, expliquées, dis-je, dans ses *Lettere Roncaghèse*, se trouvent très-bien analysées dans l'Ouvrage de M. Gébelin (*Dict. étymol. de la Langue latine*, vol. 1. *Disc. préliminaire*, page 219 & *suiv.*) Voyez aussi mon *Italie ancienne.*

---

(1) Iguvium.
(2) Dans mes Notes manuscrites, & dans mes Élémens de l'Histoire Romaine, premier vol. p. 145, je trouve la date de 1444.

ARTICLE VI.

DE LA MARCHE D'ANCONE.

I.

LA Marche d'Ancône, qui comprend aussi celle de Fermo, s'étend le long du golfe de Venise, au Sud - Est du Duché d'Urbin. Elle a à l'Ouest une petite partie de ce Duché, & l'Ombrie.

Elle a environ vingt-six lieues de long, sur quinze dans sa largeur moyenne.

I I.

Ce pays est assez plat, excepté à sa partie orientale, qui est occupée par l'Apennin.

Ses principaux fleuves sont :

Le *Fiumesino* (1), qui commence à l'Ouest, passe à Iesi, & se rend dans le golfe de Venise.

La *Potenza* (2), qui coule dans le même sens, & se rend aussi dans le golfe, au Sud-Est de Lorète.

Le *Tronto* (3), tout-à-fait au Sud, sur les frontières de l'Abruzze ultérieure.

---

(1) Æsis.
(2) Potentia.
(3) Truentus.

L'air y est épais & grossier vers la mer ; d'ailleurs le terrein y est fertile, sur-tout en lin, en chanvre, en miel, en cire, &c.

I I I.

Les principales villes de la Marche d'Ancône, en commençant par le Nord, sont :

ANCONE, *Capitale*, *Evêché*, *Port*, sur le golfe de Venise. Cette ville est bâtie sur un promontoire, & renferme un des plus beaux Ports, & des plus fréquentés de l'Italie, tant à cause de sa situation que du droit de franchise dont il jouit. Quant à la ville, elle n'offre par elle-même rien de bien agréable à la vue ; ses bâtimens, faits de briques, sont peu considérables : on y emploie cependant aussi une pierre blanche qui est fort tendre. Les rues sont étroites. On y compte, outre la Cathédrale, dédiée à Saint Syriaque, dix Paroisses, dont une Collégiale, onze Couvens d'hommes, quatre de filles, & une Maison de l'Oratoire.

On lit avec satisfaction l'inscription suivante, gravée sur une des portes d'Ancône :

Alma fides, Proceres, vestram quæ condidit urbem,
Gaudet in hoc, socià vivere pace, loco.

C'est-à-dire : *la Foi auguste qui fonda votre ville, Magistrats respectables, s'applaudit du bonheur d'y vivre avec*

La Paix. En effet, on n'y inquiète personne pour fait de Religion ; excepté que l'on n'y permet publiquement que l'exercice de la Religion Catholique. Il seroit peut-être à desirer que les Juifs n'y fussent pas obligés de porter à leur chapeau une marque distinctive, qui les expose quelquefois à la dérision du peuple.

On voit, à l'entrée de la jetée du Port, un arc de triomphe, fait d'un beau marbre blanc : il fut érigé par le Sénat Romain, l'an 112, en l'honneur de Trajan, qui avoit fait des améliorations à ce Port. Les morceaux de marbre y sont joints si exactement, qu'ils ne paroissent former qu'une seule partie.

A quelque distance est un arc de triomphe moderne. Il est de Vanvitelli, qui est aussi l'auteur du bâtiment du Lazaret, où les vaisseaux s'arrêtent pour faire *la quarantaine.* Ce bâtiment est très-près de la terre, & plus en dedans du Port que la ville même. Ancône est fort renommée pour l'art de blanchir la cire.

La ville d'Ancône & son territoire ayant eu, sous les Lombards, un Gouverneur, de ceux que l'on nomme Marquis ou Margraves, le pays en prit le nom de Marche. Ces Gouverneurs étoient toujours sur les frontières des Etats, & le mot Marche a cette signification.

IESI (1), *Evéché*, à l'Ouest, sur le Fiumesino. Elle est sur un terrein élevé, mais n'est pas considérable. Outre sa Cathédrale, dédiée à Saint Septime, il y a six Couvens d'hommes, trois de filles, & une Maison de l'Oratoire.

OSIMO (2), *Evéché*, au Sud-Est d'Iesi, & sur la route d'Ancône à S. Severino. Elle est située sur une montagne. Sa Ca-

---

(1) Æsis.
(2) Auxinum.

thédrale eſt dédiée à Sainte Thècle ; elle eſt fort ornée. Il y a pluſieurs Couvens.

C'eſt une des cinq villes dont Pepin & Charlemagne diſpoſèrent en faveur de l'Egliſe Romaine.

LORÈTE, *Evéché*, à l'Eſt d'Oſimo, & au Sud d'Ancône, ſur la route, à trois quarts de lieue du bord de la mer, ſur une montagne. La ville eſt moins grande que les deux fauxbourgs. Elle doit ſon commerce & ſa célébrité à l'opinion aſſez généralement établie autrefois, que la pièce qui ſe voit dans la Cathédrale, ſous le dôme, & que l'on nomme la *Sainte Caſe*, eſt réellement la chambre de la Sainte Vierge, qui y fut apportée par des Anges, l'an 1295. La Cathédrale eſt vaſte, mais ſon architecture n'a rien de remarquable. On y voit un beau tableau de la Sainte Cène. On voit ſur les degrés du portail une figure de Sixte-Quint, qui l'érigea en Cathédrale, l'an 1586. Le Palais où réſide l'Evêque eſt fort beau. On y diſtribue tous les jours du pain & du vin aux pauvres ; & les perſonnes d'un rang ou d'un mérite connus y ſont reçues gratuitement pendant pluſieurs jours. Cette ville fait un grand commerce de chapelets, de médailles pieuſes, de rubans bénis, &c. Elle eſt fortifiée pour la mettre à l'abri des incurſions des corſaires, attirés par les richeſſes de l'Egliſe & du Tréſor.

La Santa Caſa eſt une grande chambre garnie de briques, longue d'environ trente pieds, large de quinze, & haute de dix-huit : elle eſt voûtée. Les chambranles des portes & des fenêtres ſont revêtues d'épaiſſes lames d'argent. Au-deſſus de la cheminée, qui eſt au fond, du côté de l'Orient, eſt une niche, dans laquelle on a mis une ſtatue de la Sainte Vierge, que l'on dit être de bois de cèdre, & ſculptée par Saint Luc. Cette ſtatue & celle de l'Enfant Jéſus qu'elle porte, ſont très-chargées d'or & de diamans. Sans faire grande attention aux contes des bonnes gens de l'endroit, qui, fortement perſuadés que cette maiſon étoit à Nazareth, montrent encore la fenêtre par où paſſa l'Ange Gabriel, auſſi-bien qu'une bombe lancée par des corſaires, & qui ne creva pas, par égard pour la ſainteté du lieu ; on ne peut voir ſans étonnement le tréſor, où ſept grandes armoires & vingt-quatre petites ne renferment qu'une partie des bijoux en or, en perles, ou diamans, &c. que les Princes Catholiques y ont accumulés depuis quatre cens ans.

La tradition du pays porte que le 10 Mai 1291, des Anges apportèrent, de Nazareth, la Santa Caſa en Dalmatie ; qu'au bout de trois ans & ſept mois, c'eſt-à-dire, en 1295, ils la dépoſèrent au milieu d'une forêt, dans la marche d'Ancône, vers Recanati : elle fut encore déplacée depuis de la même manière, & miſe où elle eſt. Quelques Auteurs ont cru pouvoir attribuer ce qu'il y a de vrai dans cette hiſtoire à une ruſe de Boniface VIII, qui ſe jouoit ainſi de la Religion pour ſervir ſa politique. On eſtime qu'il s'y rend environ cent mille pélerins par an. M. de la Lande dit que les chemins qui conduiſent à Lorète ſont remplis de mendians, qui demandent l'aumône en baiſant la terre, d'une manière qui afflige l'humanité.

Le nom de Lorète vient d'une dame riche, appelée Laurette, à laquelle appartenoit le territoire, lorſque l'on commença à connoître la *Santa Caſa*. Ce fut en 1586 que Sixte-Quint donna à ce lieu le titre de ville.

RECANATI, au Sud-Ouest de Lorète, est une petite ville, située sur une montagne. C'étoit autrefois un Evêché ; mais il a été transporté à Lorète : on y voit encore la Cathédrale, huit Paroisses & onze Maisons religieuses. Cette ville est marchande, & a une foire célèbre.

MACERATA, *Evêché*, au Sud-Ouest de Recanati, sur une montagne un peu élevée, est dans une heureuse position : elle est assez considérable, & offre, dans ses habitans, un air d'aisance, quoiqu'ils soient presque tous cultivateurs. Sa Cathédrale est dédiée à l'Assomption : il y a de plus cinq Paroisses, dont une est Collégiale, huit Couvens d'hommes, cinq de filles, un Collège, une Maison de l'Oratoire. C'est le siège d'un auditoire de la Sainte Rote, tribunal où se jugent toutes les causes civiles & ecclésiastiques de la Marche d'Ancône. De dessus la montagne où est bâtie Macerata, on découvre au loin le golfe de Venise.

SAN-SEVERINO (1), *Evêché*, à l'Ouest, sur la Potenza. Elle est peu considérable, mais sa position est avantageuse. Sa Cathédrale est dédiée à S. Severin ; & la Collégiale, qui est l'autre Paroisse, à S. Laurent.

---

(1) Septempedæ.

Il y a sept Couvens d'hommes, trois de filles, & une Maison de l'Oratoire.

CAMERINO (1), *Evéché*, au Sud-Ouest de San-Severino. Elle est sur une montagne très-proche de l'Apennin. Elle a eu autrefois des Ducs qui étoient Souverains. Son Evêque relève du Pape immédiatement. Outre sa Cathédrale, dédiée à la Sainte Vierge, elle a une Collégiale, douze Couvens d'hommes & sept de filles. Ce fut le Pape Paul III qui la réunit au domaine de l'Eglise.

Dans la partie que l'on nomme quelquefois Marche de Fermo, on trouve :

FERMO (2), *Archevéché*, *Université*. Elle n'a rien de remarquable. Outre sa Cathédrale, dédiée à la Vierge, elle a une Collégiale, onze Couvens d'hommes, cinq de filles, & deux Collèges. Fermo a donné naissance au célèbre Lactance. Cette ville a un petit Port à quelque distance.

MONTE-ALTO, *Evéché*, au Sud-Ouest, exprime par son nom sa position sur une montagne un peu élevée. Cette ville, ou du moins son territoire a donné naissance au Pape Sixte V. Ce fut lui qui l'érigea en

____

(1) Camerinum.
(2) Fermum.

Evêché, auquel il joignit l'Abbaye de Monte-Santo, de l'Ordre de S. Benoît.

ASCOLI, *Evêché*, au Sud, eſt plus conſidérable. Elle eſt ſituée ſur une montagne, au bas de laquelle coule le Tronto. Cette ville a onze Paroiſſes, trois Couvens d'hommes, cinq de filles, une Maiſon de l'Oratoire. Les revenus de ſon Evêché ſont conſidérables. Cette ville ne laiſſe pas d'être aſſez peuplée. C'eſt la patrie du Pape Nicolas IV.

ARTICLE VII.

DE L'OMBRIE.

I.

L'OMBRIE eſt ſituée en partie dans l'Apennin. Elle a au Nord le Duché d'Urbin & le Pérouzin; à l'Eſt, la Marche d'Ancône; au Sud, une partie de l'Abruzze ultérieure & la Sabine; à l'Oueſt, le Tibre, qui la ſépare de l'Orviétan & du Patrimoine de S. Pierre.

Elle a environ vingt lieues du Nord au Sud, & dix-huit de l'Oueſt à l'Eſt.

II.

Ce pays, montagneux par intervalle,

est marécageux dans certains endroits : d'ailleurs il est entrecoupé de plaines & de collines.

Ses principaux fleuves font :

Le *Tibre* (1), qui y entre au sortir du Péroufin, puis, tournant tout-à-coup vers Orviete, coule ensuite par le Sud-Est, en formant les limites de ce pays.

La *Nera* (2), qui commence dans l'Apennin, vers le Sud de Camerino, coule au Sud-Ouest, & se rend dans le Tibre, au Sud-Ouest de Narni.

Le *Velino* (3), qui vient de l'Abruzze, & se rend à la gauche de la Nera, près de Terni ; il a la propriété d'incruster les plantes & le bois dans les lieux qu'il arrose, (*Voyez à l'article de Terni, ce qui est dit de la cascade formée par ce fleuve*).

On recueille dans ce pays beaucoup de bled, de vin, d'huile & de fruits. On y trouve aussi d'excellens pâturages. Et la vallée de Terni, au Sud, est une des plus belles que l'on puisse voir en Italie.

----

(1) Tiberis.
(2) Le Nar.
(3) Le Velinus.

III.

Les principales villes de l'Ombrie, en commençant par le Nord, font :

Assise (1), *Evéché*, fur la croupe d'une montagne affez haute, qui porte le nom d'Affifi. C'eft une petite ville, pauvre, & qui n'eft pas fort peuplée : mais on y compte, avec fa Cathédrale, vingt Eglifes, dont huit font Paroiffes, huit Couvens de Religieufes & quatre de Religieux. Cette ville a donné naiffance à S. François d'Affife & à Sainte Claire.

Le *Sagro Convento*, à Affife, eft l'Eglife Patriarchale, & le chef-lieu de tout l'Ordre de Saint-François. Le bâtiment eft fort beau : il y a trois Eglifes bâties l'une fur l'autre : c'eft dans la plus baffe que repofe le corps de Saint-François.

Dans la plaine, à un mille de diftance de la montagne, on trouve une belle Eglife appelée la *Portioncule*, parce qu'elle eft bâtie dans le lieu qui étoit l'héritage de Saint-François ; & l'on y montre une grotte, où ce Saint faifoit fes prières : il s'y rendoit autrefois des Pélerins en fi grand nombre, que l'on y a vu à la fois jufqu'à cent mille hommes.

Nocera (2), *Evéché*, à l'Eft d'Affife, fur la route de Lorète, & près de l'Apennin. Cette ville ne laiffe pas d'être confidérable. Outre fa Cathédrale, dédiée à

---

(1) Affifium.
(2) Nuceria.

S. Reynald, elle renferme plusieurs Paroisses & quatre Maisons religieuses. En 1751, elle souffrit beaucoup d'un tremblement de terre. Il y a auprès des Bains d'eau chaude.

Foligno (1), *Evêché*, au Sud-Ouest de Nocera, & au Sud-Est d'Assise, sur le Topino, & sur la route de Pérouze ; elle est sur une hauteur. Ses rues sont droites & bien alignées, & l'on y voit des maisons assez belles. Outre la Cathédrale, il y a deux Collégiales, onze Couvens d'hommes & douze de filles ; &, comme il y a encore d'autres Eglises, on en compte en tout soixante. C'est dans un des Couvens de Religieuses qu'est la *Madonna* de Raphaël. Elle est d'ailleurs assez marchande ; on y travaille la soie, & il y a une Manufacture de papiers. Elle est renommée en Italie pour ses excellentes confitures.

Todi (2), *Evêché*, au Sud-Ouest de Foligno, près du Tibre. Cette ville est petite & en assez mauvais état. Outre sa Cathédrale, dédiée à la Vierge, elle renferme douze Paroisses, huit Couvens

____

(1) Fulginium.
(2) Tuder, ou Tudertum.

d'hommes & huit de filles. Son Evêque relève immédiatement du S. Siège.

SPOLETTE, *Capitale*, *Evéché*, située au haut d'une montagne, à l'Eſt de Todi. Le terrein y eſt inégal & les rues en ſont étroites ; elle n'eſt pas peuplée de manière à répondre à ſa célébrité ; car elle a eu autrefois ſes Ducs particuliers. Elle eſt défendue par un Château qui n'eſt pas non plus en très-bon état. Outre ſa Cathédrale, dédiée à l'Aſſomption, il y a deux Collégiales, vingt-deux Paroiſſes, & pluſieurs Maiſons religieuſes & Confrairies.

On voit à Spolette, comme monumens anciens, deux arcs de triomphe en mauvais état, qui en forment deux portes ; de plus, un pont qui a dix arches, ſix cens pieds de long & trois cens de haut : il joint une montagne où ſont dés hermites à la ville, & a ſous lui le torrent de Marragia : on le nomme *Ponte delle torri* : il y a attenant ce pont un aqueduc, qui amène l'eau du Monte Luco, qui eſt à ſix milles. Ce pont eſt étroit & ſans parapet du côté oppoſé à l'aqueduc.

Spolette éprouva, en 1765, pluſieurs tremblemens de terre. Peu loin de là on trouve les meilleurs raiſins de toute l'Italie.

NORCIA (1), au Sud - Eſt, dans les montagnes. Elle étoit autrefois épiſcopale. Il n'y a plus qu'une Paroiſſe avec quelques Maiſons religieuſes. Elle eſt célèbre

____

(1) Nurcia.

pour avoir donné naiſſance à Saint Benoît.

Cette ville, quoique ſujette du Pape, ſe gouverne par ſes propres Magiſtrats, qu'elle a le droit d'élire parmi ſes Citoyens ; mais ces Magiſtrats ne font rien, que le Pape ne l'ait confirmé.

RIETI (1), *Evêché*, vers le Sud-Oueſt, ſur le Velino, dans un pays un peu aqueux, & qui a bien perdu des agrémens que lui trouvóient les Romains. Outre ſa Cathédrale, dédiée à l'Aſſomption, elle renferme neuf Paroiſſes, dont trois ſont Collégiales, & douze Maiſons religieuſes.

TERNI (2), *Evêché*, au Nord-Eſt, ſur la Nera, qui y forme une Iſle, dans laquelle eſt la ville. Cette ville eſt beaucoup plus longue que large, & ne laiſſe pas d'être fort peuplée, à cauſe de la ſalubrité de l'air. Elle contient quatorze Paroiſſes, huit Couvens d'hommes & ſix de filles, & environ ſept mille habitans. Cette ville a donné naiſſance à l'Empereur Tacite, ainſi qu'à l'immortel Hiſtorien de ce nom. On y trouve, dans le jardin de l'Evêché, des reſtes d'un amphithéâtre, &, à S. Sauveur, des veſtiges d'un temple

---

(1) Reate.
(2) Interamna.

du Soleil. Son commerce le plus considérable est en huile. Cette ville se gouverne aussi par ses propres Magistrats. Il y a quelques Palais & de la noblesse.

Le Velino forme, près de cette ville, une cascade magnifique, que l'on appelle *Caduta delle Marmore*, ou plutôt *Alla Marmorata* : elle est doublement étonnante par son volume d'eau, & parce qu'elle fut faite de main d'hommes (1). Cette cascade a trois chûtes différentes : la principale a environ deux cens pieds, &, quand le soleil y donne, les couleurs de l'arc-en-ciel y brillent dans tout leur éclat. Le Pape actuel Pie VI, qui ne cesse en toute occasion de donner des preuves de son goût pour les arts, a fait construire, sur une pointe, un

______

(1) Voici ce qu'en dit un voyageur. « Il faut cheminer par un pays âpre pour y arriver. Le canal de cette rivière est visiblement creusé de main d'homme, dans une pierre qui, par sa dureté & son grain, tient beaucoup du marbre, où il en paroît même de plus ou moins formé, & de diverses couleurs.

» De tous les Auteurs dont j'ai lu la description de la *cascade de Terni*, aucun, à ce qui me paroît, n'a vu celles de la Suisse, ni même le saut du Doux. Il faut convenir cependant qu'elle est d'un pittoresque mâle, terrible, & beaucoup plus effrayante que celle de Tivoli. Le Velino, qui la forme, est habituellement rapide. Produite par l'écoulement des eaux réunies de la contrée supérieure, elle varie suivant la quantité & la fonte des neiges des montagnes de l'Abruzze, qui se rassemblent dans un lac au-dessous, auquel la rivière donne son nom. Le Velino déborde quelquefois. Dans tous les temps ses eaux s'échappent du rocher coupé à pic, & tombent sur d'autres rochers, à deux cens pieds environ au-dessous, avec le fracas, le brisement, l'écume & les vapeurs que doit causer une pareille chûte. Ces eaux se sont creusé dans le roc, au-dessous du niveau apparent de leur chûte, un précipice, dont il est impossible de déterminer la profondeur. Là, jaillissant sur les rochers qui les entourent, répercutées par ceux-ci, brisées, atténuées de toutes parts par la résistance de l'air qu'elles pressent, une partie s'engouffre & fuit dans la vallée; l'autre s'élève en brouillard épais, bien au-dessus de son premier cours, & se résout en une pluie fine qui tombe continuellement aux environs, petit belvedère, d'où les voyageurs peuvent contempler à loisir le bel effet de cette cascade, & d'où les artistes peuvent la dessiner. Le chemin qui conduit de Terni à Narni passe par une route où la terre est couverte de melons, de pêchers, de figuiers & de vignes, dont les raisins, appelés *uva passarina*, ont les grains très-petits, & ressemblent aux raisins de Corinthe.

NARNI (1), *Evéché*, à l'Ouest de Terni, sur la croupe d'une montagne, au bas de laquelle coule la Nera. Ses rues sont étroites, escarpées, & en tout la ville est en pente & très-mal bâtie. Sa Cathédrale est dédiée à S. Juvenal. On y trouve huit Paroisses, six Couvens d'hommes, cinq de filles, & un Collège. Il y a un aqueduc de quinze milles de long, pour l'exécution duquel on a percé des montagnes. On y voit les mines d'un pont antique construit dans le grand genre, sur un ravin profond.

Au bas de la montagne s'ouvre une charmante vallée qu'arrose la *Nera*, & que l'on traverse sur la longueur de sept milles, lorsque l'on veut y venir de Tarni. La variété de ses productions, les différentes nuances de sa verdure, ses allées, ses bosquets, beaucoup d'arbres fruitiers, ses belles eaux, une culture bien entendue, & le voisinage d'un pays assez pauvre, concourent, dans la belle saison, à faire de ce lieu un des plus beaux de toute l'Italie.

AMELIA (2), appelée aussi Ameria,

____

(1) Narnia.
(2) Ameria.

Evéché

Évêché, au Nord-Ouest de Narni, & au Sud de Todi, est sur une montagne, dans une situation fort agréable. Elle a quatre Paroisses, sept Couvens d'hommes & sept Couvens de filles. On y trouve quelques restes d'antiquités.

Cette ville fut détruite de fond en comble par les troupes Vénitiennes, envoyées pour joindre l'armée de Charles-Quint, qui assiégeoit dans le Château Saint-Ange, à Rome, le Pape Clément VII. Ils brulèrent & démolirent la plupart des maisons & des édifices publics, & égorgèrent jusqu'aux femmes & aux enfans.

Assez près du chemin de Narni se voient les restes d'un ancien pont construit par Auguste : l'arcade a soixante pieds de haut, & les piliers en ont vingt-huit : ce pont a été bâti sans ciment, de larges blocs d'une pierre blanche, dont est formée la montagne sur laquelle est la ville : cette pierre ressemble beaucoup au marbre blanc.

ARTICLE VIII.

Du Pérousin, ou Perugino.

I.

LE Pérousin s'étend du Nord au Sud, depuis une petite portion du Duché d'Urbin, jusqu'à l'Ombrie & l'Orviétan, ayant à l'Est le Duché d'Urbin & une partie de l'Ombrie, & à l'Ouest la Toscane. Il a environ seize lieues du Nord au Sud, & la moitié de l'Ouest à l'Est.

Ital. mod. Tome II.　　　　　D

I I.

Ce pays est montagneux dans la partie septentrionale. Le Tibre le traverse à-peu-près du Nord au Sud.

Le lac de Pérouse (1) est à l'Ouest de la ville de même nom. Il a quarante - cinq milles de circuit, est extrêmement poissonneux & contient trois Isles, dans l'une desquelles on trouve plusieurs familles & un Couvent de Franciscains. La pêche n'y est pas libre comme dans le lac de Bolsena. C'est un préjugé sans fondement, mais accrédité dans le pays, qu'il est dangereux de se baigner dans ce lac. Je sais très - positivement que des personnes s'y sont baignées sans en avoir éprouvé la plus légère indisposition. L'air de cette province est assez pur, & le terrein y est fertile.

I I I.

Les principales villes, en commençant par le Nord, sont :

Citta di Castello (2), *Evéché*, à la gauche du Tibre, avec titre de Comté. Elle ne laisse pas d'être fort peuplée. Outre

---

(1) Lac de Transimène.
(2) Tifernium Tiberinum, ou Tiferinum.

ſa Cathédrale, elle renferme onze Couvens d'hommes, huit de filles, & un Collège.

PÉROUSE, ou Peruggia, *Evéché*, *Univerſité*, au Sud, ſur une montagne très-élevée, à la gauche du Tibre. Cette ville eſt grande, bien bâtie, bien pavée & bien peuplée. Outre ſa Cathédrale, dédiée à S. Laurent, on y compte quarante-cinq Paroiſſes, tant dans la ville que dans les fauxbourgs, vingt-deux Couvens d'hommes & quinze de filles (1). Le Théâtre n'eſt ni grand, ni beau. La maiſon qui appartenoit aux Jéſuites étoit remarquable par la quantité de bâtimens qu'elle renfermoit, placés les uns au-deſſous des autres, de ſorte que, de deſſus terre, on n'en apperçoit pas la moitié. Sous le jardin même, il y a des voûtes pour une tannerie, & plus bas encore des magaſins : la grande Place, ſur laquelle on voit le Palais du Gouverneur, eſt ſoutenue par des ſubſtructions que fit faire le célèbre Capitaine Forte-Braccio. Il y a une Citadelle aſſez forte, dans laquelle le Pape entretient une

____

(1) M. de la Lande dit vingt-quatre Couvens de Religieux, & autant de Religieuſes. Je n'ai rien d'aſſez ſûr pour décider entre cet Auteur & les renſeignemens particuliers dont je me ſers.

garnifon. Péroufe a produit plufieurs grands hommes. Il s'y tient tous les ans, pendant les trois premiers jours de Novembre, une foire confidérable.

Cette ville, qui avoit été confidérable fous les Romains, étoit paffée aux Goths, auxquels un détachement de l'armée de Bélifaire l'enleva l'an 537. Elle fut de nouveau prife par Totila, en 548 ; cependant elle fut reprife par Narsès, & paffa depuis au Pape, par les donations de Charlemagne & de Pepin ; mais Péroufe fe conduifit enfuite comme fi elle eût été indépendante. Enfin, en 1416, les Péroufins prirent pour Chef le fameux Capitaine Braccio, qui marcha vers Rome & s'en rendit maître. Ce grand homme fit plufieurs ouvrages utiles à la ville & au pays. En 1442, après la mort de Braccio, Péroufe fe remit de nouveau fous la puiffance du Pape ; mais pour n'avoir plus à craindre d'événemens de ce genre, Paul III, fous prétexte de bâtir un hôpital, y fit conftruire une forte Citadelle, défendue par une bonne artillerie. Il y a dix-huit canons de bronze de quarante-une livres de balle, avec d'autres moins forts.

CASTIGLIONE, à l'Oueft, fur le bord du lac, eft un lieu peu confidérable.

ARTICLE IX.

DE L'ORVIÉTAN.

I.

CE petit pays, fitué au Sud du Péroufin, a l'Ombrie à l'Eft, le Siennois à l'Oueft, & le Patrimoine de S. Pierre au Sud.

Il a au plus sept à huit lieues dans les deux sens.

II.

Ce pays n'a que quelques montagnes.

La *Chiana* le traverse du Nord vers le Sud-Est, où elle s'y rend dans le Tibre.

En général l'air y est sain & le terroir fertile.

III.

Ses principales villes sont :

ACQUA PENDENTE, *Evêché*, sur une montagne, près de la Paglia. Cette ville est presque bâtie à neuf ; elle est devenue assez considérable depuis que l'Evêché de Castro y a été transporté en 1650, & surtout depuis un certain nombre d'années qu'il y est passé une grande quantité de sujets du Grand-Duc. On y compte cinq Paroisses.

En entrant dans cette ville, du côté de la Toscane, on entend le bruit d'une cascade naturelle, qui tombe du rocher sur laquelle elle est bâtie ; & c'est delà que s'est formé son nom. Il y a, dans ses environs, des vues très-agréables & très-pittoresques.

ORVIETTE (1), *Capitale*, *Evêché*, à

____

(1) Herbanum.

l'Est, sur un rocher escarpé. Sa Cathédrale, dédiée à la Sainte Vierge, est fort belle, mais d'un ouvrage gothique : elle a quatre clochers. Il y a huit Couvens d'hommes & six de filles. Comme il n'y a point d'eau dans cette ville, on y a creusé un puits très-profond, mais construit de manière que des mulets peuvent descendre dans son intérieur par une pente insensible pour y aller chercher de l'eau, qu'ils remontent par une autre pente.

C'est aux environs d'Orviette que l'on trouve une plante qui réussit très-heureusement, employée comme contre-poison ; & c'est delà que s'est formé le nom des charlatans, appelés chez nous *marchands d'Orviétan*.

BAGNAREA, *Evéché*, au Sud, est une très-petite ville, qui n'est remarquable que pour avoir donné naissance à S. Bonaventure.

ARTICLE X.

DU DUCHÉ DE CASTRO.

CE petit pays est au Sud d'une partie de l'Orviétan, & s'étend jusqu'à la mer. C'est un pays assez plat.

Il n'a point de rivière considérable,

mais il comprend au Nord-Eſt une partie du lac de *Bolſena* (1).

Le terrein y eſt fertile en grains & en fruits.

On n'y trouve pas de lieu conſidérable.

CASTRO n'eſt marquée ſur ma Carte que pour indiquer l'emplacement de l'ancienne ville de ce nom.

Caſtro étoit une ancienne ville épiſcopale, que les Papes avoient accordée, avec Ronciglione (1) & leur territoire, à la Maiſon de-Farnèſe, à titre de fief; Paul III, qui accorda à cette même Maiſon Parme & Plaiſance, érigea enſuite ce pays en Duché; mais ſous prétexte qu'Edouard, Duc de Parme, qui avoit emprunté au Mont-de-Piété une ſomme conſidérable, ne pouvoit pas la payer, Urbain VIII prétendit avoir des droits ſur le Duché de Caſtro. Sous la régence de Ranuce, Duc de Parme, Innocent X fit renaître ces prétentions. Ayant envoyé à Caſtro un Evêque qu'il avoit choiſi & ſacré pour cette ville, & ce Prélat ayant été tué dans une émeute populaire, le Pape fit marcher des troupes, qui s'emparèrent de tout le Duché. La ville de Caſtro fut ruinée en 1646, par le Comte de Videman, Général des troupes eccléſiaſtiques. Le Siège Epiſcopal fut transféré à *Acqua Pendente*.

---

(1) Vulſinienſis lacus, ou lac Vulfinien.
(2) On verra cette ville dans le Patrimoine de Saint Pierre.

ARTICLE XI.

DU PATRIMOINE DE S. PIERRE.

I.

CE pays, fort étroit au Nord, ne laisse pas d'être étendu au Sud. Il a environ vingt lieues du Nord au Midi; sa largeur, dans sa partie septentrionale, est de cinq à six lieues, &, à sa partie méridionale, en mesurant le long de la Côte, de quinze à seize lieues.

Ses bornes sont, au Nord, l'Orviétan; à l'Est, le Tibre; au Sud, la Méditerranée; à l'Ouest, le Duché de Castro.

I I.

Quoique ce pays ne renferme pas de hautes montagnes, cependant, en général, on peut dire qu'il est montueux. Mais tout ce terrein est composé de pierres calcaires & volcaniques.

Ses deux principales rivières sont:

La *Marta*, qui sort du lac de Bolsena, pour se rendre, au Sud-Ouest, dans la mer.

Le *Tibre*, dont il a déjà été parlé.

Le lac *de Bolsena* a environ trois lieues & demie de long, sur deux & demie de large. Ses eaux sont très-belles ; il est fort poissonneux.

Au milieu de ce lac sont les deux petites Isles de la Martana & de Passentina : ce fut dans l'une d'elles, que l'ingrat & perfide Théodat relégua sa bienfaitrice Amalasonte, qui l'avoit fait Roi des Goths : il la fit étrangler peu après l'an 534.

Ce pays est fertile en bled, en vin, en huile & en fruits de toutes espèces.

Quant aux minéraux, on y avoit trouvé quelques mines, qui ont été négligées ; mais on fait beaucoup d'alun à la Tolfa : j'en parlerai à cet article.

I I I.

Les principales villes de cette division sont, en commençant par le Nord,

BOLSENA (1), sur le bord du lac de son nom ; c'est une très-petite ville.

Elle est célèbre dans l'histoire de l'Eglise. On rapporte qu'à la vue d'un prêtre incrédule, qui doutoit de la présence réelle de J. C. dans le S. Sacrement, une hostie parut tout-à-coup ensanglantée. Ce fut à l'occasion de cet évènement qu'Urbain IV, qui en étoit témoin, institua la fête du S. Sacrement, qui depuis se célèbre chaque année.

____

(1) Vulsinii.

Monte-Fiascone, *Evéché*, fur une montagne, au Sud de Bolfena. Cette ville eft affez mal bâtie. Outre fa Cathédrale, dédiée à Sainte Marguerite, elle renferme trois Paroiffes, trois Couvens d'hommes, & un de Bénédictines.

Cette ville eft fur-tout célèbre par les vins de fon territoire. Le meilleur eft celui du canton que l'on appelle d'*Eft*. Tous fes environs font très-cultivés.

Viterbe, *Capitale*, *Evéché*, au Sud-Eft de Monte-Fiafcone, fur la route de Rome. Cette ville eft bien bâtie; les rues en font belles, pavées de larges dalles de pierres. On y trouve plufieurs infcriptions & monumens anciens. Les Papes Jean XXI, Alexandre IV, Adrien V, & Clément IV font enterrés dans fa Cathédrale. On dit qu'elle n'eft pas peuplée à raifon de fon étendue. Outre fa Cathédrale, dédiée à S. Laurent, elle renferme quinze autres Paroiffes, dont trois font Collégiales, & un affez grand nombre de Couvens. Il y a plufieurs Hôpitaux, une Commanderie de Malte. Ses Places ont de belles fontaines.

Très-près de cette ville font des eaux minérales, connues fous le nom d'*eaux de Viterbe*: il y a deux fources principales, dont une eft très-purgative. M. Ferber dit que tout ce terrein eft volcanique.

RONCIGLIONE, presque au Sud de Viterbe, & sur la route de Rome. Elle est peuplée & marchande. On y trouve un Collège de la Doctrine Chrétienne, & quelques Maisons religieuses. Elle a titre de Comté. Il y a dans ses environs des Forges, des Papeteries & autres usines.

Cette petite ville faisoit partie du Duché de Castro, que j'ai dit plus haut avoir été pris par les Papes sur la Maison de Farnèse.

C'est près de Ronciglione que se trouve, dans le petit village de Capravola, le superbe Château que Paul Farnèse, encore Cardinal, y fit construire sur un modèle pur & simple d'architecture, d'après les dessins de Vignole. Il a cinq côtés, & se termine par un angle par la partie de derrière opposée à la façade. L'intérieur est de la plus belle exécution, la cour sur-tout & les corridors. On remarque cependant que l'escalier est un peu gâté par des colonnes accouplées sur des bases de différentes grandeurs. On a, de ce Palais, une vue superbe qui se porte au loin sur toute la campagne, & la ville même de Rome, & sur la Sabine, jusqu'aux montagnes. On admire, avec raison, une salle toute destinée à la Géographie ; dans le fond sont la Mappemonde & les quatre parties du monde ; sur les autres murs, l'Italie, &c. A la voûte sont peints les portraits d'Améric Vespuce, de Christophe Colomb, de Magellan, de Cortès, &c.

CITTA, ou CIVITTA-CASTELLANA (1), à l'Est de Ronciglione, près du Tibre, sur une montagne, d'où la vue découvre le Soracte & le pays le plus riche & le plus

______

(1) Veïa.

pittoresque. Elle eſt peuplée, & a trois Couvens. Elle a un très-bel aqueduc.

BRACCIANO, au Sud-Oueſt de la précédente, au Sud d'un petit lac. Cette petite ville eſt, dit-on, aſſez jolie. Elle a titre de Duché.

CIVITA-VECCHIA (1), *Evéché*, *Port*, *Place forte*, à l'Oueſt ſur la mer. Cette ville n'eſt pas très-peuplée, à cauſe du mauvais air. Il n'y a qu'une ſeule Egliſe, c'eſt celle d'un Couvent de Dominicains. Les PP. de la Charité y ont un Hôpital. C'eſt dans ce port que ſe tiennent ordinairement les galères du Pape.

LA TOLFA, au Nord. Ce lieu n'eſt conſidérable que par ſa fabrique d'alun, connu dans le commerce par le nom *d'alun de Rome*.

L'alun ſe retire d'une terre argilleuſe, très-compacte : la meilleure eſt jaunâtre, un peu griſe : il y en a de la blanche : elle eſt diſpoſée en maſſe dans la montagne où elle ſe trouve, & n'y eſt pas par couches. Pour en obtenir l'alun, « on coupe la montagne à pic ; on arrange » les pierrés ſur des fourneaux, qui ont environ ſix » pieds de diamètre, & autant de hauteur ; on les diſ- » poſe de manière que la flamme les traverſe & les » calcine pendant douze heures. On répand enſuite ces » pierres ſur le terrein, en pluſieurs tas ; on les humecte » avec de l'eau trois ou quatre fois par jour, pendant » environ cinq ſemaines, en rejettant toujours la même

---

(1) Centum Cellæ.

» eau. Quand ces pierres font bien décompofées, & cou-
» vertes d'une efflorefcence rouge, on les porte dans des
» chaudières pour les faire bouillir. Cette eau tranfvafée,
» ayant encore bouilli féparément, eft mife à part pour
» repofer, & l'alun s'y cryftallife contre les bords des
» vafes, dans l'efpace de huit jours. Il fe fait de cet alun
» un commerce très-confidérable ».

A R T I C L E XII.

D E L A S A B I N E.

I.

CE petit pays, que l'on appelle auffi *Terre de Sabine*, en mémoire de l'ancien peuple qui l'habitoit avant & depuis la fondation de Rome, eft à l'Eft du Tibre, au Sud de l'Ombrie. Il a l'Abruzze à l'Oueft, & la campagne de Rome au Sud.

Il a environ onze lieues du Nord au Sud, & fept à huit de l'Eft à l'Oueft.

I I.

Ce pays a des montagnes à l'Eft, qui font partie de la chaîne de l'Apennin, & le fépare de l'Abruzze.

Ses principaux fleuves font :

Le *Tibre*, qui le borne à l'Oueft.

Le *Teverone* (1) , qui le borne au Sud.
Il commence à l'Eſt , au Mont Trévi , &
coule à l'Oueſt , pour ſe jeter dans le Tibre.
Ce fleuve a la propriété de former des in-
cruſtations.

Le terrein eſt très-fertile , & produit ſur-
tout de l'huile & du vin.

I I I.

Ses principaux lieux ſont :

Magliano , vers le Nord-Oueſt. C'eſt
un fort petit bourg , où réſide l'Evêque,
titré *de Sabina* (2). Sa Cathédrale eſt dé·
diée à S. Laurent. Il y a deux Paroiſſes ,
trois Couvens d'hommes & un de filles. Ce
fut en 1495 qu'elle fut déclarée ville par
Alexandre VI.

Tivoli (3) , *Evéché* , au Sud de la
Sabine , & à l'Eſt de Rome , ſur le ſommet d'une montagne , au bas de laquelle
coule le Teverone. Cette ville n'eſt pas
belle; ſes rues ſont ſales , mal entretenues ,
& , excepté quelques-unes , les maiſons y

---

(1) L'Anio.
(2) Tibur.
(3) Il ne faut pas le confondre avec l'Evêque de
Sainte Sabine. Ce titre appartient à un Cardinal-Prêtre
de l'Egliſe du Mont Aventin ; au lieu que l'Evêque de
la Sabine eſt un des Cardinaux ſuffragans.

font mal bâties. Outre fa Cathédrale, il y a fept Paroiffes, onze Couvens d'hommes, deux de filles, un Collège, deux Hôpitaux & un Séminaire. C'eſt donc dans les environs de Tivoli qu'il faut chercher des objets faits pour fatisfaire la curiofité.

La montagne fur laquelle eſt fituée Tivoli, eſt calcaire, du moins on y trouve un dépôt calcaire très-épais, fur un tuf volcanique. Les eaux qui coulent de cette montagne, en dépofant la terre qu'elles tiennent en diffolution, forment infenfiblement la pierre appelée Traverino, & dont on fait à Rome la pierre de taille.

La cafcade, qu'avec tant de raifon on admire à Tivoli, eſt formée par le Teverone. Ce fleuve, qui vient de l'Eſt, fe trouve au-deffus de Tivoli, refferré entre deux collines; &, à fa rencontre, ayant un rocher taillé à pic, il en acquiert une plus grande rapidité, & fe précipite de près de cinquante pieds de haut, dans un vallon, en faifant un bruit très-confidérable. L'air eſt rempli d'une vapeur qui donne le fpectacle de l'arc-en-ciel, toutes les fois que l'on a le foleil derrière foi.

A peu de diftance eſt une fource d'eau fulfureufe, que l'on nomme la Solfatare de Tivoli, & auffi *Lago di Zolfo*. Ces eaux forment un petit lac, d'où il s'élève des bulles d'air, comme fi l'eau en étoit bouillante. Elle eſt cependant froide. Il eſt probable que c'eſt de l'air inflammable qui fe dégage ainfi. Sur ce petit lac flottent des ifles couvertes d'herbes & de joncs. On croit avoir de bonnes preuves que tout le terrein des environs de ce lac eſt creux pardeffous, enforte qu'il ne forme qu'une voûte naturelle, dont on auroit quelque raifon de craindre l'enfoncement.

ARTICLE XIII.

De la Campagne de Rome.

I.

Cette division de l'Etat de l'Eglise a le Teverone au Nord, &, à peu de chose près, le Garigliano à l'Est. A l'Ouest elle a le Tibre ; & au Sud, la mer.

Elle a dix-huit lieues dans sa plus grande longueur, du Nord au Sud, & vingt-quatre dans sa plus grande largeur.

II.

Ce pays ne laisse pas d'être montueux ; mais, ce que l'on avoit long-temps ignoré, il est presque entiérement volcanique. On y trouve des collines, dans quelques-unes desquelles sont de petits crystaux de schorl blanc, calcinés & farineux, & presque par-tout on apperçoit des traces du feu.

Vers la mer, le terrein est bas & submergé dans plusieurs endroits, & principalement aux Marais-Pomptins, dont je parlerai.

Les principaux fleuves sont :

Le *Tibre* & le *Teverone*, dont j'ai déjà parlé.

Le

Le *Sacco*, qui commence au Nord-Eſt de Paleſtrine, & coule, par le Sud-Eſt, ſe rendre dans le Garigliano.

L'air de ce pays eſt marécageux, excepté vers les montagnes ; il eſt mal ſain ; & les terres, quoique bonnes, y ſont mal cultivées ; mais les jardins y ſont délicieux, & l'on n'y reſſent que fort peu de temps les rigueurs de l'hiver. La conſtruction des maiſons, l'uſage des bains y garantiſſent de l'excès des chaleurs en été. Enſorte que, pour les étrangers ſur-tout, Rome & ſes environs ſont des ſéjours délicieux.

I I I.

Les principales villes de la campagne de Rome ſont :

ROME, Capitale de tout l'Etat Eccléſiaſtique, ſur le Tibre, *Univerſité*.

Cette ville, autrefois la Capitale du monde connu, dont les citoyens, dans les beaux jours de la République, étoient plus puiſſans que des Rois ; cette cité ſuperbe, qui couvrit la terre de ſes légions, & les mers de ſes flottes victorieuſes, dont tous les peuples ſuivirent les Loix ou reçurent des fers, qui fit paſſer dans ſon ſein leurs arts, leurs cultes, leurs richeſſes ; Rome enfin n'a plus qu'une foible teinte de ſon ancien éclat. C'est un corps majestueux, dont les ravages des temps ne nous laissent plus que le squelette. Mais tel qu'il est encore, ce squelette est respectable par un air de grandeur & de majesté. Les débris y portent l'empreinte du genre le plus sublime & de la puissance la plus vaste. Les Monastères & les Eglises qui y ont succédé aux Palais, aux Amphithéâtres antiques, sont autant de dépôts, où l'on conserve, avec soin, des monumens précieux de l'Antiquité, & des chefs-d'œuvre des plus grands artistes modernes. D'ailleurs, l'Antiquité n'a jamais rien eu que l'on puisse opposer à la superbe Basilique de S. Pierre, le plus grand de tous les temples connus. Et Rome est encore la ville de tout l'univers la plus curieuse à visiter, & la plus belle à voir. Elle n'est pas, à beaucoup près, peuplée à proportion de son étendue. On publie tous les ans, à Pâques, un catalogue de tous ses habitans. Je n'ai pu m'en procurer un de ces dernières années. Mais je sais qu'en 1772, on y comptoit cent cinquante-neuf mille six cens soixante-quinze personnes, dont deux mille neuf cens quatre-vingt-sept Prêtres séculiers, trois mille sept cens trente-neuf Moines, mille cinq cens quatre-vingt - quatorze Religieuses, quatre cens

quatre-vingt-onze Ecoliers, & mille trois
cens quatre-vingt-fix pauvres dans les Hôpitaux. Le nombre des naiſſances y étoit
de quatre mille deux cens dix-huit, &
celui des morts de cinq mille huit cens cinquante. On y compte quatre-vingt-deux
Paroiſſes, & plus de trente Hôpitaux. Les
rues y ſont bien pavées ; mais elles ne ſont
pas très-propres, & ne ſont pas éclairées
la nuit.

*Je vais parcourir rapidement la ville de
Rome, en ſuivant la diviſion que l'on en
a faite en quatorze quartiers, me bornant
cependant à des choſes très-générales. Le
petit Plan que j'ai fait graver ſur un coin
de la planche pourra auſſi être de quelque
ſecours pour ſuivre cette deſcription.*

Le premier quartier eſt celui des trois montagnes, qui
ſont le Quirinal, le Viminal & l'Eſquilin ; il renferme le
plus beau monument d'antiquité qui ſoit au monde. C'eſt
la *colonne Trajanne*, érigée en l'honneur de l'Empereur
Trajan, après ſes victoires ſur les Daces, l'an de J. C.
101. Elle eſt toute de marbre, haute de cent dix-huit
pieds, & large de dix. Son élégance, ſes proportions,
les bas-reliefs dont elle eſt décorée, & qui repréſentent
l'Hiſtoire militaire de Trajan, tout en eſt admirable (1).

____

(1) Cette colonne fut élevée par l'Architecte Apollodore.
Mais comme Adrien, ſucceſſeur de Trajan, ſe mêloit lui-
même d'architecture, il devint jaloux des talens de l'Architecte, l'exila, puis le fit mourir. Les cendres de Trajan,
apportées de Cilicie, où ce Prince mourut, furent dépoſées

Cette colonne eſt ſurmontée d'une ſtatue de bronze de Saint-Pierre, haute de vingt-trois pieds, que le Pape Sixte-Quint y fit placer en 1588. Dans le même quartier eſt *l'arc de Titus*, dont on admire les bas-reliefs. Ce monument conduit au *Coliſée*, ou plutôt aux ruines du Coliſée; car la fureur des Goths & la barbarie des Papes Paul II & Paul III, ont preſque entiérement détruit cet amphithéâtre ſuperbe, qui ſervoit aux ſpectacles des Romains. Dans la partie qui ſubſiſte encore, on compte quatre-vingts arcades ſervant d'entrée à un double portique, qui tournoit autour de l'édifice. La forme du Coliſée eſt ovale, & a cinq cens quatre-vingt-un pieds de long, ſur quatre cens quatre-vingt-un de large; l'arêne, où combattoient les Gladiateurs, eſt à moitié comblée. Non loin de là eſt *l'arc de Conſtantin*, qui ſe voit entier, & dont l'architecture eſt majeſtueuſe. Il eſt formé de trois arcades, une grande & deux petites.

Les Egliſes les plus remarquables du quartier des trois Montagnes, ſont le Baptiſtère de Saint Jean, qu'on croit avoir été bâti par Conſtantin. Les Fonts baptiſmaux ſont de porphyre, au centre d'une coupole ſoutenue par huit belles colonnes, auſſi de porphyre, & les plus belles qu'il y ait à Rome.

Saint-Jean-de-Latran, grande baſilique, fondée auſſi par l'Empereur Conſtantin, & la première Egliſe du monde Chrétien. Les ſtatues en marbre des douze Apôtres, placées dans des niches ornées de colonnes de verd antique, eſt ce qu'il y a de mieux dans la nef, qui eſt très-grande, avec deux doubles bas-côtés & des chapelles. Le maître-autel, au-deſſus duquel eſt un beau tabernacle antique, rempli de reliquaires très-riches, n'eſt pas à comparer avec l'autel du Saint-Sacrement, dont le baldaquin, de bronze doré, porte ſur quatre colonnes antiques de même métal, tirées du Temple de Jupiter au Capitole. Il y a cependant encore dans cette Egliſe une Chapelle

---

dans une urne placée dans la main de la ſtatue que ſupportoit cette colonne. On compte autour de cette colonne plus de deux mille cinq cens figures. On a pratiqué quatre-vingt-quatre marches dans ſon intérieur, & l'on découvre très-bien Rome de deſſus ſa plate-forme.

plus magnifique que la précédente : c'eft celle de Clément XII, ornée de colonnes de porphyre & de verd antique, de bronze doré, de marbre, d'incruftations d'albâtre, &c. On y admire le tombeau du Pape Clément XII, formé d'une belle urne de porphyre, que l'on croit avoir été le farcophage d'Agrippa. Dans la Place de Saint-Jean-de-Latran eft un *obélifque* égyptien, chargé d'hiéroglyphes, de cent quarante pieds de haut, porté fur le maffif d'une belle fontaine. C'eft le plus grand monument en ce genre que nous ayons (1). Dans une petite Eglife voifine, dite *Scala Santa*, les pélerins vont monter à genoux, & fort dévotement, vingt-huit marches de marbre blanc, qu'on dit avoir été les degrés qui conduifoient au Palais de Pilate à Jéfufalem. *Sainte-Marie-Majeure*, une des grandes bafiliques de Rome, eft remarquable par une belle fuite de colonnes ioniques de marbre blanc, & par deux magnifiques Chapelles, celle de Sixte-Quint & de Paul V. On montre, dans cette Eglife, le berceau de J. C., fes langes & le foin même de la crèche. Une relique, peut-être plus authentique, ce font les chaînes de fer avec lefquelles Hérode fit enchaîner Saint Pierre, & que l'on conferve précieufement dans l'Eglife de *Saint-Pierre-aux-Liens*. Ce Temple, foutenu par vingt colonnes de marbre de Paros, blanc comme l'albâtre, eft célèbre par le maufolée fuperbe du Pape Jules II (2). Les *Thermes de Titus*, ceux de *Dioclétien*, les *jardins de Néron*, dont il ne refte que des ruines, font encore dans le même quartier, ainfi que les Palais *Albani*, *Rofpigliofi*, & plufieurs Maifons de plaifance, dont on vante les peintures.

Le fecond quartier de Rome, dit *de Trevi*, à caufe

---

(1) On le nomme l'obélifque de Rameffès, parce que l'on croit que ce Roi d'Egypte l'avoit fait élever à Thèbes devant le Temple du Soleil : Conftantin le fit defcendre à Alexandrie, & fon fils Conftance le fit tranfporter à Rome, & placer au grand Cirque. Ce fut Sixte V qui le découvrit, le reftaura & le fit élever où il eft.

(2) Sur la Place de Sainte-Marie-Majeure, il y a un obélifque fans hiéroglyphes. Claude le fit apporter pour le placer au maufolée d'Augufte. Sixte-Quint l'a fait auffi relever.

d'une magnifique fontaine de ce nom qui en fait le principal ornement, offre à la curiosité beaucoup moins d'Eglises que de Palais. Un des plus remarquables est le Palais Pontifical de *Monte Cavallo*, ainsi nommé de deux beaux grouppes de marbre, représentant deux chevaux, tenus chacun par un jeune homme, & de proportion colossale. Ces grouppes embellissent la Place qui est devant le Palais : on les croit du fameux Phidias. On ne voit dans les appartemens du Pape, ni dorures, ni meubles de prix. Tout y est de la plus grande simplicité. Parmi les tableaux, dont tous les sujets sont pieux, on distingue une Sainte Pétronille du Guerchin, qui passe, avec raison, pour un chef-d'œuvre. Le *Palais Colonne*, au pied du Quirinal, est un des plus vastes & des plus riches qu'il y ait à Rome ; rien n'égale la magnificence & le goût des ameublemens. La principale pièce est une superbe galerie de deux cens neuf pieds de long sur trente-cinq de large, parfaitement décorée, où sont plusieurs tableaux de Rubens, du Guide, du Guerchin, du Titien, de Paul Véronèse ; des tables de marbre précieux, d'albâtre, de porphyre, & quantité d'autres raretés. Les amateurs de peinture & de sculpture ne manquent pas de visiter la *Villa Ludovisi*, maison de plaisance du Prince de Piombino, renommée par ses belles fresques du Guerchin, & par ses jardins plantés par le Nôtre. Le *Palais Barberini*, où l'on voit un beau plafond, peint par Pierre de Cortonne, une copie fidelle de la transfiguration de Raphaël, une Madeleine du Guide, de la plus grande réputation, d'autres tableaux excellens ; & parmi les statues, le fameux Faune endormi, restauré par le Bernin. Le *Palais Bracciano*, qui possède plusieurs chefs-d'œuvre du Titien, du Corrège, de Rubens, des bustes & des statues antiques très-estimés, deux colonnes d'albâtre, deux de verd antique, & quatre-vingt-quatre autres colonnes des plus beaux marbres. Le *Palais Panfili*, enrichi par le pinceau des Carrache, des Salviati, des Poussin, des Corrège & autres.

Le troisième quartier est celui de la *Place Colonne*, qui prend son nom de la fameuse colonne Antonine, laquelle est toute en marbre, & a cent seize pieds de hauteur sur seize de diamètre. Sixte-Quint, le principal restaurateur des monumens de l'ancienne Rome, fit placer sur cette colonne une statue de Saint Paul en bronze, de treize pieds de haut. Ce qu'il y a de plus remarquable dans ce quartier, est *le Panthéon*, Temple que les Romains avoient dédié à tous les Dieux, & le seul qui soit resté dans son entier : on l'appelle plus communément aujourd'hui la Rotonde ; il est sous l'invocation de Sainte-Marie *ad Martyres*. Cet édifice superbe est précédé d'un portique, soutenu par seize grandes colonnes de granit oriental, & de quinze pieds dix pouces de circonférence. L'intérieur du Temple présente un hémisphère parfait, & n'a pas moins de largeur que de hauteur. Il est orné de colonnes corinthiennes, de jaune antique, dans toute sa circonférence, & renferme huit autels ou huit faces, accompagnées chacune de deux colonnes de porphyre, ou de jaune antique ou de granit. Le fameux Raphaël y est enterré (1).

Le quatrième quartier est celui du *Champ de Mars*, où les anciens Romains tenoient leurs assemblées du peuple & faisoient leurs exercices militaires. Un *obélisque* égyptien, qui servoit de méridienne, en faisoit le principal ornement. Il est actuellement brisé en plusieurs morceaux, & abandonné dans une cour voisine. Après avoir visité plusieurs Eglises de ce quartier, telle que la *Trinité-du-Mont*, où l'on montre une belle descente de croix, par Daniel de Volterre; *la Madonna del Popolo*, Eglise d'Augustins où est une magnifique Chapelle, dite de Notre-Dame-de-Lorette, & quelques autres encore ; il ne faut pas négliger de voir le *Palais Ruspoli*, célèbre par un escalier de marbre de Paros, le plus beau qu'il y ait à Rome, & dont chaque marche est d'une seule pièce, de neuf pieds de long ; la *Villa Medici*, belle maison des Ducs de Toscane, dont les appartemens & les jardins renferment une grande quantité d'antiques précieux ; mais sur-tout le *Palais Borghèze*, dont la principale cour

---

(1) Le Cardinal Bembo lui a fait cette épitaphe :

Ille hic est Raphaël, timuit quo sospite vinci,
Rerum magna parens, & moriente mori.

est environnée d'arcades, soutenues par cent colonnes de granit, & les appartemens décorés d'une des plus nombreuses collections de tableaux qu'il y ait en Italie.

L'*Eglise de la Paix*, & celle de *Saint-Augustin*, où est la Chapelle Pamphile, sont ce qu'il y a de mieux dans le quartier du *Pont Saint-Ange*.

On fait beaucoup de cas des fresques & des peintures de l'*Eglise Neuve*, située dans le sixième quartier, qui prend son nom de la Place Navonne, une des plus grandes de Rome, & au milieu de laquelle est une superbe fontaine du Bernin, représentant les quatre grands fleuves des quatre parties du monde. Au-dessus de cette fontaine s'élève un obélisque que Caracalla avoit fait venir d'Egypte, & placer dans le cirque qui porte son nom (1). Parmi le grand nombre de beaux édifices qui décorent cette Place, on distingue le *Palais Pamphile*, dont on estime les fresques d'une belle galerie, peintes par Pierre de Cortone, & quantité d'excellens tableaux.

Le quartier du *Palais Farnèse* est le septième de Rome. Après s'être fait montrer, dans une jolie Eglise de *Saint-Charles*, le fameux tableau de la mort de Sainte Anne, par Andrea Sacchi ; &, dans *Saint-Jérôme-de-la-Charité*, un autre tableau célèbre du Dominiquin, représentant la communion de Saint Jérôme, on ne peut trop se hâter de voir, dans le plus grand détail, le magnifique *Palais Farnèse*, appartenant au Roi de Naples, comme héritier de cette Maison. C'est-là, qu'entre plusieurs antiques très-estimés, les curieux admirent singuliérement l'*Hercule Farnèse*, la *Flore*, la *Vénus Callipyge*, & le *Taureau Farnèse*, un des plus fameux grouppes de l'antiquité. La galerie de ce Palais, longue de soixante-deux pieds sur dix-neuf

---

(1) On ignore quel Empereur fit apporter d'Egypte cet obélisque. Il étoit consacré à Iis, dont le temple étoit proche du lieu où il est actuellement : il fut trouvé sous terre. Alexandre VII le fit élever par le Bernin, sur le dos d'un éléphant moderne de marbre, porté sur un haut piédestal. L'aiguille a vingt palmes, l'éléphant dix, & le tout plus de cinquante.

de large, est peinte par Annibal Carrache, & passe pour
son chef-d'œuvre. Le *Palais Spada* mérite aussi l'attention des curieux, principalement à cause d'un beau tableau du Guerchin, représentant la mort de Didon. Je
glisse rapidement sur le quartier de *Saint-Eustache*, où
est le *Palais Giustiniani*, rempli de bas-reliefs & de statues
antiques, au nombre, dit-on, de cinq cens soixante. On
y remarque, entre autres tableaux précieux, le *Massacre
des Innocens*, du Poussin, & le *Christ devant Pilate*, chef-
d'œuvre de Hundstorst d'Utrecht.

Je ne m'arrêterai pas plus sur le quartier de *S. Marc*,
où est le Palais de ce nom, qui n'a rien de remarquable,
mais qu'on ne sauroit quitter sans avoir visité le *Collège
Romain*, son Eglise de *Jésus*, & sa magnifique Chapelle
de S. Ignace, *la Minerve*, Eglise célèbre de Dominicains,
où est un Christ fameux de Michel-Ange, l'obélisque de
la place de la Minerve (1), les Palais *Strozzi*, *Altieri* &
autres. Le dixième quartier de Rome est celui du Capitole, où étoit le fameux temple de Jupiter Capitolin,
le centre & le berceau de la grandeur romaine. Il n'en
reste aujourd'hui que le nom. Cette Place publique si
célèbre, ce *Forum* de l'ancienne Rome, où le peuple
s'assembloit, & où étoit la Tribune aux harangues, n'est
plus qu'un vaste emplacement auquel on a donné le nom
ignoble de *Campo vaccino*, le Champ des vaches. Tout
ce quartier enfin seroit le plus triste & le moins curieux
de Rome moderne, s'il ne s'étoit trouvé un Pape assez
ami des Arts & de l'Antiquité, pour recueillir les débris
précieux de la sculpture & de l'architecture épars çà
& là, & en former une collection des plus rares, connue
sous le nom de *Musæum*. Ce Pape fut Clément XII,
de l'illustre Maison Corsini ; & c'est dans le dix-huitième
siècle que fut commencé cet établissement. Voici ce
qu'on y trouve de plus remarquable : deux grandes idoles
Egyptiennes, l'une de basalte, & l'autre de granit rouge
oriental, & plusieurs autres statues, tombeaux & bas-
reliefs dans les cours ; au premier étage, dans la galerie,

----

(1) Ce fut le Bernin qui le plaça où il est, sous le Ponti-
ficat d'Innocent X. Il a soixante-quinze palmes de haut.

des buftes antiques, des autels, des vafes, des urnes fépulcrales ; dans la chambre des mélanges, un beau Faune de marbre rouge, une petite ftatue d'un vieux Satire, plufieurs buftes & têtes antiques. Dans la grande falle, l'Empereur Adrien, Antinoüs, figure admirable, la Déeffe de la clémence, Egia, Déeffe de la fantá, Junon, un Faune, le Gladiateur mourant, & deux Centaures de marbre noir. Dans la falle des Philofophes, la ftatue de Zenon, & plufieurs têtes de Philofophes ; dans la chambre des Empereurs, une Flore de la plus grande beauté, une Vénus pareille à la Vénus de Médicis, Perfée qui délivre Andromède, & grand nombre de buftes ; dans la chambre d'Hercule, Apollon, Jupiter, Pfyché, Agrippine, un beau grouppe de Pfyché & de l'Amour qui s'embraffent ; & dans la falle du Vafe, une nombreufe fuite d'infcriptions & de bas-reliefs, au milieu defquels eft un fort beau vafe de marbre blanc, d'une forme élégante. Il manquoit à ce *Mufæum* une collection de peintures : elles y furent ajoutées par Benoit XIV. On jugera de leur mérite par les noms de quelques-uns des Auteurs de ces tableaux, tels que le Titien, le Dominiquin, le Guide, le Guerchin, Rubens, Paul Veroneze, Annibal Carrache, Pierre de Cortone, &c.

Le quartier de la Juiverie, qui eft le onzième, n'offre guère à la curiofité que le Palais *Mattei*, où l'on voit d'excellens bas-reliefs, & le Palais *Bocca paduli*, où font les fept Sacremens, peints par le Pouffin.

Dans le quartier du Mont-Aventin, on trouve de beaux reftes de la magnificence Romaine, fur-tout à *Sainte Sabine* & à *Saint Paul*. Ces deux Eglifes font foutenues par des colonnes antiques de marbre de Paros & de granit. Les quarante colonnes de la nef du milieu de *S. Paul* ont trente-quatre pieds de haut, & font toutes d'une feule piéce. Plufieurs devant-d'autels font d'une feule table de porphyre. Les quatre colonnes qui foutiennent le baldaquin du maître-autel font auffi de porphyre, & hautes de vingt pieds, & l'on n'en compte pas moins de trente de la même matiére dans cette Eglife, qui eft nue d'ailleurs, & dans une efpèce d'abandon.

Cependant elle appartient aux plus riches Moines de l'univers, aux Bénédictins. Je ne dirai rien des *Catacombes* de S. Sébastien, les plus vastes qu'il y ait à Rome, & où l'on assure que plus de soixante - quatorze mille martyrs furent enterrés. C'étoient, comme je le dis à l'article de Naples, d'anciennes carrières, qui servirent dans la suite de sépulture à la populace & à ceux qui n'avoient point le moyen ou la liberté d'enterrer publiquement leurs morts : du nombre de ces derniers étoient les chrétiens que les loix de l'Empire rangeoient dans la classe des criminels ; & voilà pourquoi les Catacombes sont encore aujourd'hui des répertoires de reliques très-précieux.

Le quartier de-là le Tibre, est le treizième de Rome. Ses lieux les plus remarquables sont le Palais *Salviati*, riche en tableaux & en statues antiques ; la *Farnésine*, maison de plaisance du Roi de Naples, dont plusieurs appartemens ont été peints par Raphaël ; le Palais *Corsini*, dont on vante les tableaux, la collection des médailles, la bibliothèque & les jardins ouverts au public ; & quant aux Eglises *S. Pierre in montorio*, située sur le sommet du janicule, où l'on conserve le plus beau tableau du monde, la *Transfiguration* de *N. S.* par Raphaël ; *Sainte Cécile in Trastevere*, célèbre par ses colonnes de marbre & de granit, & par le tombeau de la Sainte, formé d'albâtre, de jaspe & d'agathe. *S. Côme & S. Damien*, Eglise de Religieuses, où l'on révère une image de la Vierge, qu'on dit avoir été peinte par les anges ; enfin *Sainte-Marie in Trastevere*, Eglise curieuse pour ses antiques & pour ses peintures du Dominiquin, dont on admire sur-tout une Assomption.

Le quatorzième & le dernier quartier de Rome, le premier en grandeur & en magnificence, est celui du Vatican, ou de la cité Léonine. C'est-là qu'est la fameuse *Eglise de S. Pierre*, la plus belle & la plus grande de l'univers. Elle est précédée d'une place superbe, ornée de deux colonnades, dans chacune desquelles il y a vingt-quatre pilastres, & cent quarante colonnes surmontées de statues de Saints, hautes de seize pieds & demi avec leurs bases. Rien de plus majestueux que cette colonnade

due au génie du cavalier Bernin. Au milieu de la place
est un *Obélisque* Egyptien , d'un seul morceau de granit
oriental de soixante-quatorze pieds de long , & qui , avec
son piédestal & la croix de bronze qui le couronne, a
cent vingt-quatre pieds de hauteur (1). Un escalier magnifique, dont les marches sont presque toutes en marbre,
conduisent au portail de S. Pierre, dont la façade a trois
cens soixante-six pieds de long sur cent cinquante-sept
de hauteur, & est supérieurement décorée. Le vestibule
où l'on arrive par cinq grandes ouvertures, est pavé
de marbre de différentes couleurs, & soutenu par des
colonnes de quatre-vingt-six pieds & demi de haut : on
entre dans l'Eglise par cinq grandes portes ; & telle est
la justesse des dimensions de cette vaste Basilique, que
le spectateur n'y trouve rien d'abord d'étonnant. Cependant elle a cinq cens soixante-quinze pieds de long dans
œuvre , cent quarante-deux pieds de hauteur sous voûte,
& quatre cens huit pieds de haut jusqu'au sommet de la
croix qui termine la coupole. Cette coupole, une des
plus étonnantes productions du génie de Michel-Ange ,
a trois cens quarante pieds de haut sous voûte, & cent
trente-deux de diamètre intérieur, tandis qu'à Paris la
hauteur totale des tours de Notre-Dame n'est que de deux
cens quatre pieds. Ce qu'on admire le plus dans S. Pierre,
est le baldaquin du grand autel, haut de cent vingt-deux
pieds. Il est de bronze doré, & soutenu par quatre
grandes colonnes torses de même métal, posées sur des
piédestaux de marbre. On appelle encore ce baldaquin
& l'autel qu'il couvre, la confession de S. Pierre, parce
que c'est immédiatement entre les colonnes , dans une
Chapelle souterreine , qu'est le tombeau de ce Prince des
Apôtres. Je ne parle point des Chapelles de l'Eglise de
S. Pierre, elles sont toutes magnifiques , & mériteroient
des descriptions particulières , que la nature de mon

____

(1) On croit qu'il fut élevé en Egypte au temps de Sésostris :
il est sans hiéroglyphes ; il fut tiré de l'Egypte par Caligula
ou par Néron. On dit qu'il supportoit alors une boule où
étoient les cendres de César. C'est le seul grand obélisque
qui ait été trouvé entier sous les ruines. Ce fut aussi Sixte V
qui le fit relever.

ouvrage ne comporte pas. Le superbe Palais du *Vatican*, où les Papes ont cessé de faire leur demeure, communique à l'Eglise de S. Pierre, & est d'une étendue immense, s'il est vrai qu'on y compte jusqu'à treize mille chambres. Mais il est beaucoup moins fameux par sa grandeur que par les chefs-d'œuvre de peinture & de sculpture qu'il renferme. Les curieux & les artistes de tous les pays ne se lassent point d'y admirer les immortels ouvrages de Raphaël. Dans le fond de la Chapelle Sixtine est le fameux *Tableau du jugement dernier* de Michel-Ange. Toute la voûte de cette Chapelle est de la main du même Peintre. Quelque mérite qu'aient ces peintures, elles n'approchent pas de celles des *Galeries du second étage*, peintes par Raphaël. Mais ce grand homme s'est surpassé lui-même dans les *Salles* qui portent son nom, & dont les principaux sujets sont la bataille de Constantin contre Maxence, Héliodore chassé du Temple par les Anges, le miracle de la Messe, Attila désarmé par S. Pierre & S. Paul, S. Pierre dans la prison, l'Ecole d'Athènes, le Parnasse, l'incendie de Borgo & autres grands morceaux dont nous admirons tous les ans les copies sur nos belles tapisseries des Gobelins.

Il n'y a rien de plus célèbre dans le monde que le *Belvedere*, petit corps-de-logis séparé, composé de salles où se voient les statues grecques les plus parfaites qui soient sorties de la main des hommes. Elles sont placées dans des niches autour d'une cour appelée la *Cour des Statues*. La plus belle de toutes est le fameux grouppe de *Laocoon*, entortillé par deux énormes serpens ; la seconde est l'*Antinoüs* ; la troisième l'*Apollon*, presque aussi belle que la précédente ; les autres sont une *Vénus au bain*, *Hercule commode*, & le *Torse*, qui n'est autre chose qu'un tronc de figure de marbre, dont les proportions sont admirables.

Du Belvedère on entre dans la grande Galerie qui en fait la communication avec le Palais. C'est-là qu'est la *Bibliothèque du Vatican*, par laquelle je termine la Description de Rome : cette Bibliothèque, dont la principale salle a cent quatre-vingt-seize pieds de long sur quarante-huit de large, n'est pas à comparer avec celle du Roi de France, ni pour la beauté du vaisseau, ni pour le nombre des volumes , qui montent à près de trois cens mille ; mais elle eſt plus riche en manuſcrits rares & précieux. Le total des volumes ne paſſe point ſoixante & douze mille , dont quarante mille ſont manuſcrits. Ils ſont tous renfermés dans de grandes armoires peintes , ce qui n'offre pas un auſſi beau coup-d'œil que les tablettes & les armoires à jour de la Bibliothèque du Roi.

Origine. Je renvoie à tous les Hiſtoriens anciens & modernes qui ont parlé de Rome , & à ce que j'en ai dit dans *l'Italie ancienne, pag.* 149 & ſuivantes , pour ce qui concerne l'origine & la fondation de cette ville fameuſe , attribuée à deux bergers , Romulus & Remus , environ l'an 752 avant J. C.

Langage. La langue que l'on parle depuis pluſieurs ſiècles à Rome & dans toute l'Italie , n'eſt plus celle des Cicéron & des Virgile. C'eſt une langue toute nouvelle , où le Latin à la vérité domine , mais dépouillé de ſa force , de ſa majeſté , de ſes terminaiſons , de ſon génie. Au reſte , l'Italien eſt fort agréable , & c'eſt peut-être de toutes les langues vivantes , la plus harmonieuſe & la plus poétique. On le parle , on le prononce plus dé- licatement à Rome qu'en aucune ville d'Italie ; mais on l'écrit plus purement à Florence , comme je l'ai ob- ſervé à l'article de la Toſcane.

Gouvernement. Le Gouvernement de Rome moderne n'a point d'analogie avec les autres Gouvernemens de l'Europe. Il en auroit beaucoup plus avec celui des ha- bitans du Tibet , qui révèrent dans le même homme , leur Souverain & leur Dieu ; mais c'eſt ſur - tout à la Théocratie des Hébreux qu'on peut le comparer ; en effet , le Pape , à l'exemple des Rois d'Iſraël , jouit d'une puiſſance abſolue & deſpotique , qui n'eſt tem- pérée ni par des loix ni par des coutumes , parce qu'elle eſt regardée comme la puiſſance de Dieu même. Heureu- ſement ce Monarque eſt électif , & c'eſt preſque un uſage reçu de ne choiſir qu'un vieillard infirme & caduc , obligé de ſe repoſer ſur autrui de l'adminiſtration des affaires ; ce partage de l'autorité la rend néceſſairement douce & débonnaire ; car , quand il s'eſt trouvé par haſard des

Papes ambitieux, & jaloux de leurs prérogatives, tel que Sixte-Quint, on peut dire que leurs sujets ont été gouvernés, suivant l'expreſſion de l'Ecriture, avec une verge de fer.

Perſonne n'ignore que c'eſt aux Cardinaux seuls qu'appartient le droit de nommer le Pape, que c'eſt toujours parmi eux qu'ils le choiſiſſent ; qu'il faut les deux tiers des voix pour une élection légitime, que la brigue, les intrigues & la politique la plus raffinée retiennent ſouvent les Cardinaux enfermés pluſieurs mois dans le conclave ; c'eſt ainſi que l'on appelle le lieu de l'élection, ce qui pourroit faire craindre que le Saint-Eſprit n'y préſidât pas toujours.

Ces mêmes Cardinaux, dont le nombre eſt fixé à ſoixante-dix, depuis l'an 1586, occupent toutes les grandes dignités de l'Etat, & ſont chargés, chacun dans différens départemens, appelés Congrégations, du gouvernement des peuples & de l'adminiſtration de la Juſtice. Après les Cardinaux viennent les Prélats ou Evêques, qui ſont les Officiers ſubalternes du Pape, & dont la juriſdiction s'exerce dans les Tribunaux inférieurs ; & ces Prélats ont ſous eux des Eccléſiaſtiques, qui rempliſſent tous les emplois & toutes les places dans la judicature, dans la finance & dans le militaire.

Religion. Rome eſt le centre & le chef-lieu de la Chrétienté. Quoique le Pape ait des Etats & des Domaines aſſez conſidérables, que ſes prédéceſſeurs ont reçus de la libéralité des Rois de France ; cependant, ſes revenus les plus clairs proviennent des droits, dont les Monarques Catholiques le laiſſent en poſſeſſion dans leurs Royaumes, ſur les dignités & bénéfices Eccléſiaſtiques. En France, par exemple, il a le revenu de la première année des Archevêchés, Evêchés, Abbayes & autres ; ailleurs il a la nomination de ces bénéfices, qui lui rapportent des ſommes immenſes. Il n'y a point de lieu dans l'univers où les cérémonies de la Religion ſe faſſent avec plus d'appareil & de magnificence qu'à Rome : elles ſont un des objets de la curioſité des étrangers.

Commerce. Pour bien juger du commerce d'une nation, il faut connoître à-peu-près ſa population & ſon génie.

Les habitans de Rome & des villes qui en dépendent font naturellement pareffeux, comme je l'obferverai bientôt. Quant à la population de la Capitale du monde Chrétien, elle eft très-médiocre, & ne va guère au-delà de cent foixante & dix mille ames, y compris les étrangers, dont le concours eft très-confidérable : quelques odeurs, des pommades, des fleurs artificielles, voilà en deux mots tous les objets d'exportation de cette métropole, à quoi il faut ajouter des tableaux, des vafes antiques, des marbres, des médailles, que les étrangers, & fur-tout les Anglois, y vont acheter à grand prix, & quelquefois fans trop de connoiffance. Les principales monnoies en ufage à Rome font :

Le *quatrin* repréfente 2 deniers & $\frac{13}{20}$ de la monnoie de France ;

Le demi-bayoque vaut un peu plus de deux quatrins.

Le bayoque, ou *bajocchi*, vaut 5 quatrins, évalués à un fou & $\frac{3}{5}$ de denier.

Le paule, ou *paolo*, vaut 10 bayoques, & s'eftime 10 f. 6 d. de France.

L'écu, au titre de 10 deniers vingt-un grains, vaut 100 bayoques, & eft évalué 5 liv. 5 f. de France.

Efpèces en or. Les feules efpèces en or font le fequin & le demi-fequin.

Le fequin, ou *zecchino*, au titre de 22 karats $\frac{21}{33}$, vaut 250 bayoques, ou deux écus & un demi-paolo ; il eft évalué à 10 liv. 15 f. 3 den. de France.

Il y a auffi des demi-fequins, des demi-écus, des pièces de trois & de deux paules, de demi & de quart de paule : leur valeur y eft relative.

Mœurs & ufages. Le féjour de Rome eft tout-à-fait trifte & ennuyeux. Point de divertiffemens, point de promenades publiques, prefque point de fpectacles, fi ce n'eft un grand nombre de proceffions & de cavalcades les veilles & les jours de grandes fêtes. Depuis le 7 de janvier jufqu'au mercredi des cendres, on joue des Opéras fur deux ou trois théâtres, & l'affluence des fpectateurs y eft des plus grande. On eft affis au parterre, comme dans tous les théâtres d'Italie. Les rôles des femmes font tous remplis par des caftrats : quelques courfes de chevaux, quelques mafcarades, font tous les

amufemens

amufemens du carnaval : encore eſt-il défendu, ſous
peine de priſon, de courir les rues en maſques, paſſé
ſix heures du ſoir. Au défaut de divertiſſemens publics,
on joue aux cartes dans les maiſons particulières, on
médit, on critique, on ſatyriſe plus qu'en aucun autre
lieu du monde. Tout eſt matière à paſquinade, depuis
le S. Père juſqu'au dernier de ſes palefreniers. Les
femmes ne mettent point de rouge, & n'en ſont pas
plus agréables ; elles déteſtent les odeurs, quoique en
général, en France, on leur ſuppoſe ce goût. Elles ſont
oiſives, fainéantes, orgueilleuſes, & ces défauts ſont
auſſi ceux d'une partie de la nation.

Sciences & Arts. Excepté la Théologie & la Politique,
les ſciences ne ſont preſque point en honneur à Rome,
& l'on n'y cultive même celles-là, que parce qu'elles
conduiſent à la Prélature & aux honneurs. La peinture
& la ſculpture, dont il y a dans cette ville tant d'excellens originaux, n'y ſont pas, à beaucoup près, en
auſſi grande réputation qu'en France. La plupart des bons
peintres & des ſculpteurs eſtimés de Rome ſont tous
François. L'architecture y eſt preſque également déchue.
On y trouve ſeulement encore quelques veſtiges de
poéſie & de littérature, dont les Lettres ſont redevables
au génie particulier de quelques Ecrivains ; car il n'y
a point d'établiſſement réellement propre à nourrir ce
goût, & à l'entretenir par les moyens d'émulation ſi
efficaces ſur l'eſprit humain.

OSTIE (1), *Evéché,* au Sud-Oueſt de
Rome, près de l'embouchure du Tibre.
Cette ville, qui étoit conſidérable, & qui
avoit un Port, ne conſerve plus rien de
ſon ancien état. On ne reconnoît qu'à des

---

(1) Oſtia. L'ancienne ville de ce nom n'eſt plus au
bord de la mer, elle en eſt au moins à un mille ; ainſi
la mer s'eſt retirée de toute cette étendue.

Ital. mod. Tome II.   F

décombres les restes de ses anciens édifices: son Port est comblé depuis long-temps, & sa Forteresse est à moitié ruinée. Il n'y reste d'Eglise que sa Cathédrale, dédiée à Saint André. La plupart de ceux qui habitent Ostie sont des gens bannis de Rome, & qui trouvent leur châtiment dans le mauvais air que l'on y respire.

Il y a près d'Ostie des salines qui sont d'un assez bon produit.

PORTO (1), *Evéché*, est un peu au Nord-Est, à l'entrée de l'autre branche du Tibre. C'est aussi un petit lieu, dont le terrein est fort aquatique, & où l'air est mal-sain. On y voit quelques restes d'antiquité. Il n'a qu'une Eglise.

ALBANO, *Evéché*, à l'Est d'Ostie, est une petite ville, située auprès d'un petit lac. Elle est peu considérable. Outre sa Cathédrale, elle a cinq Maisons religieuses. On y voit plusieurs beaux restes d'antiquité, entre autres, ceux d'un Palais de l'Empereur Domitien : des ruines d'un mausolée y portent le nom des Horaces & des Curiaces.

CASTEL-GANDOLFE, au Nord d'Albano, est une petite ville, bâtie sur le bord

______

(1) Portus Augusti.

du lac, que l'on nomme de fon nom, & quelquefois auffi lac d'Albano. Ce lieu eft fur-tout remarquable par le Château Pontifical, où le Pape va ordinairement paffer l'automne; cette maifon de Plaifance, la feule qu'ait le Souverain Pontife, eft d'une grande fimplicité. L'Eglife eft fort belle.

Toute cette partie de la Campagne de Rome eft le produit d'un volcan; le Mont Albano eft accompagné d'une autre montagne, que l'on appelle *Tufculano*. La bafe de ces deux montagnes eft d'environ feize milles. Cette maffe de montagnes eft formée de tuf volcanique gris, mêlé de petits cryftaux de fchors blancs, de pouzzolane & de pierre ponce; de cendres endurcies, & d'un gris verdâtre, de lave, &c. On nomme ce tuf peperino.

C'eft au pied du Mont-Albano que fe trouvent les lacs de Nemi & d'Albano, qui font ovales & féparés l'un de l'autre par une hauteur, large d'environ deux tiers de lieue. Il eft probable que ces deux lacs ont été les cratères de quelques anciens volcans. On y trouve de groffes anguilles : c'étoit au fommet du Monte Albano qu'étoit le Temple de Jupiter Latialis.

Il réfte, depuis le temps des Romains, un canal, par lequel les eaux du lac Albano vont fe rendre dans la plaine qui eft au-delà de la montagne, lorfqu'elles font trop hautes; & cet ouvrage a été fait avec tant de folidité, qu'il fubfifte encore, & fert au même ufage qu'autrefois : cependant, M. Ferber penfe qu'il y eut, dans les premiers temps de Rome, un autre canal, affez élevé, pour que l'on s'en fervît à l'arrofement des terres, & que celui-ci fut fait fous les fucceffeurs d'Augufte.

FRESCATI (1), *Evéché*, au Nord-Eft de

____

(1) Tufculum.

Veletri, & au Nord de Castel-Gandolfe.
C'est une petite ville, bâtie dans une situation heureuse, sur le penchant d'une colline. Elle est environnée de murs, dont quelques parties ont forme de bastions. Sur la Place où est la Cathédrale, il y a une fontaine avec trois jets d'eau. On dit que la vue y est très-étendue & présente un spectacle magnifique. Outre la Cathédrale, dédiée à S. Pierre, elle renferme sept Couvens & un Hermitage de Camaldules. Cette ville ne répond qu'à une partie de l'ancienne Tusculum. Elle se glorifie d'avoir vu naître le célèbre abbé Métastase.

Frescati est entouré de maisons de campagne charmantes, & doublement intéressantes par leur beauté actuelle, & par les belles maisons Romaines auxquelles elles ont succédé : c'est-là que se voient la *Villa Conti* (1), la *Villa Pamphili*, appelée aussi le *Belvedère*, à cause de sa situation ; la *Villa Borghèse*, la *Villa Falconieri*, & la *Villa Bracciano*, qui ont succédé à ces belles maisons Romaines de Cicéron, de Lucullus, &c.

PALESTRINE (2), *Evéché*, vers le Nord-Est, sur le penchant d'une montagne ; elle est fort petite. Outre sa Cathédrale,

---

(1) Par *Villa* les Romains entendent une maison de campagne.
(2) Preneste.

dédiée à S. Agapet, elle a cinq Maisons religieuses. Elle a titre de Principauté.

Sur le haut de la montagne est le Palais Barberin. On y conserve une partie du pavé d'un Temple de la Fortune, élevé en ce lieu par Sylla. Cette mosaïque représente évidemment une fête donnée sur le Nil, dans le temps de son débordement, quelles que soient d'ailleurs les idées que l'on y ajoutera pour trouver au juste le motif de cette fête.

ANAGNI (1), *Evéché*, au Sud-Est de Palestrine, sur une montagne. Cette ville est fort petite. Outre sa Cathédrale, dédiée à l'Annonciation, elle renferme six Paroisses & cinq Couvens.

On sait que Boniface VIII, ayant excommunié Philippe-le-bel, ce Prince chargea Nogaret de l'en venger. Celui-ci marcha contre le Pape, & le fit prisonnier dans Anagni; mais les esprits ayant changé, l'état d'abaissement où se trouvoit le Pape ayant intéressé les habitans d'Anagni, ils prirent les armes & le délivrèrent; de retour à Rome, il mourut de chagrin d'avoir éprouvé cet affront.

VELESTRI (2), *Evéché*, à l'Est d'Albano, sur une colline très-agréable. Elle est grande, bien bâtie, & a plusieurs fontaines. Il y a une belle Place, où l'on voit la statue d'Urbin VIII, en bronze, représenté assis. Il y a un fort beau Palais. Sa Cathédrale, dédiée à S. Clément, est

____

(1) Anagnia.
(2) Velitræ.

d'une architecture gothique. Il y a sept Couvens d'hommes & deux de filles.

» En 1744, pendant la guerre de l'Empire & de
» l'Espagne, le Général qui commandoit les troupes de
» la Reine surprit Veletri. Le Commandant ne se dé-
» concerta pas, alla au devant du Général, lui offrit
» le café, & l'amusa jusqu'à ce que quatre mille hommes
» de troupes Napolitaines, qui étoient en marche, fussent
» arrivées ; elles forcèrent la porte & la garde Allemande,
» & firent prisonnier le Général Autrichien avec ses
» troupes : cet événement se passa dans la nuit, presque
» sans effusion de sang, & en moins de trois ou quatre
» heures. L'entreprise de Veletri manquée, obligea les
» Autrichiens de se retirer, & la guerre finit de ce
» côté-là ». *Dictionnaire historique, Géograph. & portatif de
l'Italie.*

CORÉ, au Sud-Est de Veletri, est une fort petite ville ; mais elle est fort remarquable par plusieurs restes d'antiquités, tels qu'un portique assez entier d'un Temple d'ordre dorique, des restes d'un autre Temple d'rodre corinthien de Castor & Pollux. Les murs de la ville font un objet de la plus grande curiosité. Ils sont à terrasse, grimpant, pour ainsi dire, sur la pente de la montagne. Les pierres en sont de forme irrégulière, pentagone, exagone, &c. On les a jointes ensemble, selon que leur configuration l'exigeoit pour chacune d'elles. Elles sont de lave, & la muraille est de construction étrusque. La difficulté de tailler cette sorte de pierre néceſſitoit en quelque ſorte ce genre de conſtruction ; car la voie Appienne fut faite de même. Et rien ne reſſembleroit tant aux murs de Coré, qu'une certaine étendue de la voie Appienne, s'il étoit poſſible de la placer perpendiculairement.

TERRACINE (1), *Évêché*, *Port*, preſque au Sud d'Anagni. Cette ville & ſon Fort ſont ſitués très-heureuſement au fond d'un petit golfe, où de hautes montagnes les garantiſſent des vents du Nord. Cette ville n'eſt pas fort peuplée, & ſes habitans ont preſque tous l'air valétudinaires. Sa Cathédrale eſt dédiée à Saint Céſaire : il y a de plus une Collégiale : cette ville eſt la dernière de l'Etat Eccléſiaſtique du côté du Royaume de Naples (2).

Des Marais Pomptins.

C'eſt au Nord-Oueſt de Terracine, le long de la côte, que ſe trouvent les marais Pomins ou Pomptins (3). Ils

***

(1) Anxur.

(2) Il y a ſans doute beaucoup d'autres lieux intéreſſans, & peut-être quelques Lecteurs ne ſeroient-ils pas fâchés de les trouver ici ; mais je ſuis obligé de m'arrêter, & de ne parler que des objets eſſentiels : il me reſte encore bien des pays à décrire.

(3) Ce nom vient de la ville de *Pometia*, capitale des Volſques, floriſſante en ce lieu aux premiers temps des Romains, & actuellement enſevelie ſous les marais. *Voyez* l'*Italie ancienne.*

F 4

occupent un efpace long d'environ huit lieues fur deux , & , en quelques endroits, quatre de large. Ce lieu eft tellement inondé d'eau & fi marécageux, que l'on ne peut le cultiver ni l'habiter. Les eaux font entretenues par l'écoulement de plufieurs petites rivières , & de différentes fources qui s'y rendent. On y retrouve l'ancienne voie Appia ; mais elle n'eft vifible qu'en quelques endroits. Ces marais produifent, en été , des exhalaifons très-dangéreufes ; & ceux qui habitent dans leurs environs annoncent, par tout leur extérieur , le mauvais état de leur fanté. Les anciens ont fait, à différens temps, de grands travaux pour l'écoulement des eaux ; mais depuis Appius, qui fit faire la belle voie de fon nom , jufqu'à Augufte, on n'obtint que des fuccès momentanés. Plufieurs Papes y ont fait travailler fucceffivement ; mais la mort des uns, le peu d'activité de quelques autres , ont toujours nui à l'entière exécution de chacun de ces projets. Je crois que l'on y travaille en ce moment ; mais c'eft avec une forte de lenteur qui rendra peut-être fans effet les travaux & la dépenfe.

La chaffe eft très-confidérable dans ces marais : on y trouve des fangliers, des cerfs , & jufqu'à des bécaffes. Les buffles y font en grand nombre , & y pâturent prefque par-tout, en liberté. On dit même que les boues de ces marais les guériffent affez promptement de leurs bleffures, lorfqu'ils en ont.

Pour fe former une idée de ces marais, autant que poffible , fans le fecours d'une Carte, il faut fe figurer, à plus de quatre lieues de la mer, une fuite de petites montagnes, fur lefquelles font, en allant du Nord au Sud, les villes de Ninfa, de Sermonetta, de Baffiano, de Sezze, de Piperno , & , tout-à-fait au Sud , Terracine. Les rivières principales font celles de *Teppia* , de *Cavata*, qui coulent vers le Sud , mais s'étendent dans les terres, où elles forment des marais. La *Cavatella*, qui commence à-peu-près où commencent les précédentes , fe rend dans l'*Ufente*, dont la fource eft au Sud de Sezze, & qui, ayant reçu l'*Amaffeno*, va fe jetter dans la mer. L'ancienne voie Appienne traverfoit ces marais, en allant affez droit de Rome à Terracine. Elle avoit une grande partie du cours de la Cavatella à fa droite, fi ce n'eft depuis le confluent de l'Amaffeno, que la rivière couloit à la gauche de la voie. Il me femble que c'eft principalement du cours de la Cavatella que l'on s'occupe actuellement, afin d'y faire couler la plus grande partie des eaux qui inondent les marais.

CHAPITRE III.

PARTIE MÉRIDIONALE.

CETTE Partie, qui comprend l'extrémité méridionale de l'Italie & la Sicile, appartient à un même Souverain, & forme le Royaume de Naples.

SECTION PREMIÈRE.

PARTIE DU ROYAUME DE NAPLES

SITUÉE EN TERRE-FERME (1).

I.

LE Royaume de Naples s'étend, en Italie, depuis le 42° 55′ (2) de latitude, jusqu'au 37° 50′. Mais, à l'Ouest, il ne commence qu'auprès de Terracine, vers le 41 deg. 15′.

---

(1) Il n'y a que l'Abruzze qui puisse être étudiée sur la Carte *des Parties du milieu*; le reste est sur la Carte *méridionale*.

(2) Il s'en faut de 5′, c'est-à-dire, que l'Abruzze ultérieure s'avance jusqu'au 42ᵉ deg. 55, sur la côte qui est baignée par le golfe de Venise.

Quant à sa longitude, il touche à l'Ouest au 11ᵉ deg. & à l'Est, il s'avance au-delà du 16ᵉ.

Sa forme, très-inégale, influe beaucoup sur son étendue; mais on estime qu'il a quatre cens lieues de côte (1).

L'extrémité méridionale est dans le sixième climat; & son extrémité septentrionale, assez avant dans le septième; ce qui donne, pour le plus long jour, environ 15 heures au Sud, & 15 ½ au Nord.

I I.

Tout ce pays, renfermant la suite de l'Apennin jusqu'au détroit de Sicile, est fort montueux dans cette direction. La partie qui s'avance au Nord du golfe de Tarente n'est pas montagneuse, mais elle forme une presqu'Isle, qui va en s'élevant de plus en plus au-dessus du niveau de la mer. De sorte qu'au Cap de Leuca, elle est très-haute. Le climat y est très-chaud, sur-tout pendant les mois de Juillet, d'Août & de Septembre. En hiver il gèle rarement dans les plaines, & l'on n'y voit jamais de neige; mais il s'en trouve sur les montagnes. On la ramasse, afin

---

(1) Je donnerai l'étendue de chaque Province.

d'en faire de la glace, dont on fait un grand ufage pour rafraîchir les boiffons. Le terrein y eft très-fertile & produit en abondance toutes les chofes néceffaires.

Ce Royaume peut avoir de longueur 450 milles d'Italie (1), de largeur 140, & de circonférence 1468. Sa furface, felon les Géographes Italiens, eft de 14,508,973 *moggies* (2) : il eft divifé en neuf Provinces. On y compte deux mille foixante lieux habités, tant villes que villages & hameaux, & contient environ quatre cens cinquante mille feux. Les voyageurs politiques obfervent que ce nombre ne va pas à la moitié de la population que ce pays pourroit fupporter.

D'après un calcul de dix ans, la quantité de froment récoltée annuellement dans tout ce Royaume, eft d'environ vingt-deux millions de *tomelis* (3). Ce qui fuppofe entre les terres plus ou moins fertiles, 20,500 *moggies* femées en bled ; il y en a 625000 femées en orge & grains de carême ; & 25000 en bled d'Inde & en fèves. De toutes les terres il n'y en a pas un tiers de celles qui pourroient rapporter du bled, qui en rapportent réellement : c'eft un des vices de l'adminiftration ; & par an on n'en exporte guère qu'un million & demi de *tomelis* ; ce qui n'auroit pas lieu même, fi le bas peuple ne vivoit pas de bled de Turquie, d'orge & de chataigne.

Il y a un droit impofé fur chaque propriété territoriale, partie en forme de taxe fur la terre même, & partie en impofitions fur les comeftibles, en taxe pour

---

(1) Le mille commun d'Italie a neuf cens cinquante toifes, au lieu que le mille Romain n'en ayant que fept cens foixante-quatre eft très-rapproché, comme on voit du mille *ancien*, qui en comprenoit fept cens cinquante-cinq & demi.

(2) La *moggia* eft une mefure géodéfique de neuf cens pas : chaque pas contient fept & un tiers de palmes, & la palme répond à neuf pouces onze feptièmes de France.

(3) Le *Tomolo* eft une mefure du pays, qui répond, felon les tables de l'Encyclopédie, à deux mille cinq cens foixante-dix-neuf pouces cubes de France.

les routes, les ponts, les réparations & quelques autres
chofes relatives au service public; mais il fe commet
en tout cela de grands abus.

Je me réferve de parler des lieux remarquables qui pourroient appartenir à la Géographie Phyfique, en décrivant les Provinces où ils fe trouvent.

Il en fera de même des fleuves, que l'on
auroit trop de peine à trouver fur les Cartes,
à caufe de l'étendue de ce Royaume.

*

I I I.

Le Tableau suivant va donner les divisions du Royaume de Naples, dans l'ordre
que je suivrai en les décrivant.

TABLEAU

DES DIVISIONS DU ROYAUME DE NAPLES.

Divisions.	*Capitales.*	*Situation.*
I. *L'ABRUZZE.*		
L'Abruzze ultérieure . .	AQUILA	*l'Aterno.*
L'Abruzze citérieure . .	CHIETI. . . .	*une mont.*
Comtat de Molise. . .	CAMPOBASSO .	
II. *La TERRE DE LABOUR.*		
La Terre de Labour propre.	NAPLES (1). .	*un Port.*
La Principauté ultérieure.	BÉNEVENT. . .	*le Sabatto.*
La Principauté citérieure.	SALERNE. . . .	*un Port.*
III. *La POUILLE.*		
La Capitanate	LUCERA	
La Terre de Bari. . .	BARI.	*un Port.*
La Terre d'Otrente . .	LECCE	*une plaine.*
IV. *La CALABRE.*		
La Basilicate	ACERENZA. . .	*le Bradano*
La Calabre citérieure .	COZENZA . . .	*le Crati.*
La Calabre ultérieure. .	REGIO	*la Mer.*

---

(1) Latit. 40 d. 50' 15". Longit. 11 d. 52' 30".

Remarque.

Il faut obferver, avant d'entrer dans le détail des villes du royaume de Naples, qu'il n'y en a proprement que trois confidérables, qui méritent d'être comparées aux autres belles villes de l'Europe : ce font *Naples*, *Lecce* & *Bénevent*, encore celle-ci eft-elle au Pape.

ARTICLE I.

DE L'ABRUZZE (1).

I.

CETTE province eft la plus feptentrionale du royaume de Naples. Elle a environ trente lieues de côte du Nord-Oueft au Sud-Eft, & vingt de l'embouchure du Pefcara aux montagnes qui la féparent de la Campagne de Rome, c'eft-à-dire, de l'Eft à l'Oueft.

Ses bornes font, au Nord, la Marche d'Ancône ; à l'Eft, le golfe de Venife ; au Sud-Eft, la Capitanate ; au Sud, la Terre de Labour, pour l'Abruzze citérieure & le Comtat de Molife ; & une partie de la Campagne de Rome, pour l'Abruzze ultérieure.

---

(1) Cette province fe trouve toute entière fur la Carte de *l'Italie moderne*, *Parties du milieu.*

I I.

Ce pays eſt fort montagneux en géné-ral, & ſur-tout dans ſa partie occidentale qui renferme une partie de l'Apennin.

Ses principales rivières ſont :

Le *Tronto* (1), dont il a été déjà parlé, & qui, ſur le bord du golfe, ſépare, au Nord, l'Abruzze du territoire de Fermo.

L'*Aterno* (2), qui commence au Nord d'Aqui, arroſe cette ville, puis, tour-nant peu après vers l'Eſt, ſépare les deux Abruzzes; &, comme à ſon embouchure il arroſe la ville de Peſcara, il en prend le nom dans le pays & ſur quelques Cartes, juſqu'à une certaine diſtance de la mer.

La *Sangro* (3), qui commence vers le Sud-Eſt du lac de Célano, coule au Sud, puis à l'Eſt, pour ſe rendre dans le golfe de Veniſe, à peu de diſtance de Lanſciano, ou l'Anzano. Il eſt dans l'Abruzze citérieure.

Le *Tiferno* (4), qui commence dans le Comtat de Moliſe, vers Boïano, coule au Nord-Eſt, ſe jette dans le golfe, auprès de Termoli, dans la Capitanate.

---

(1) Truentus.
(2) L'Aternus.
(3) Sagrus.
(4) Le Tifernum.

Au

Au Sud-Eſt de l'Abruzze ultérieure, on trouve :

Le *lac de Célano*, qui eſt confidérable.

En général ce pays eſt froid, & dans quelques lieux renferme beaucoup de forêts. D'ailleurs il eſt bien arrofé & fertile en grains, en vignes, en olives & en fafran. Il n'eſt pas moins abondant en gibier & en volaille.

Ces parties font en général moins bien connues, & en effet elles nous intéreſſent moins que les contrées de l'Italie qui font plus fréquentées.

L'Abruzze, comme on l'a vu fur le Tableau, renferme l'*Abruzze ultérieure*, l'*Abruzze citérieure*, & le *Comtat de Moliſe*.

§. I.

De l'Abruzze ultérieure.

Elle a environ vingt-quatre lieues de l'Eſt à l'Oueſt, & quatorze du Nord-Oueſt au Sud-Eſt.

Ses principales villes font, en commençant par le Nord,

TERAMO (1), *Evêché*, *Principauté*, fur le Tordino. Elle n'eſt pas confidérable.

____

(1) Interamna, ou Interamnia.

Sa Cathédrale est dédiée à l'Assomption; il y a de plus six à sept Maisons religieuses. Elle appartient à la Maison d'Aquaviva. Son Evêque relève immédiatement du S. Siège.

ATRI (1), *Evêché*, *Duché*, au Sud-Est, vers le golfe, sur une montagne assez escarpée. Elle est un peu plus considérable que la ville précédente, sans l'être cependant beaucoup. Outre sa Cathédrale, dédiée à l'Assomption, il y a dix ou onze Maisons religieuses. Elle appartient aussi à la Maison d'Aquaviva.

CITTA, ou CIVITA DI PENNA (2), *Evêché*, au Sud-Ouest d'Atri. Les Evêchés de ces deux villes ont été réunis, & n'en forment qu'un.

AQUILA (3), *Capitale*, *Evêché*, près de l'Aterno, au centre du pays, sur une petite colline. Elle ne laisse pas d'être peuplée. Outre sa Cathédrale, on y compte vingt-quatre Paroisses, dont seize sont Collégiales, dix-sept Couvens d'hommes, & onze de filles. Son Evêque relève immédiatement du Pape. Cette ville est la

____

(1) Hadria.
(2) Pinna.
(3) Cette ville a été bâtie, au treizième siècle, des ruines de l'ancienne Amiternum.

réfidence du Magiſtrat de la Province.
Elle éprouva, en 1703, un tremblement
de terre, qui la ruina en partie, & fit
périr environ deux mille perſonnes : elle
en éprouva encore un très-conſidérable le
13 Octobre 1762.

PESCINA, au Sud d'Aquila, & à l'Eſt du
lac de Célano : ce n'eſt qu'un bourg peu
conſidérable.

Clément VIII y a transféré la réfidence de l'Evêque qui
demeuroit à S. Benoît, ſous le titre de l'Evêque de *Marſi.*
Ce pays conſerve encore le nom des anciens Marſes qui
l'habitoient, & ſe nomme *il ducato di Marſi.* On dit que
Peſcina fut la patrie du Cardinal Mazarin.

§. II.

De l'Abruzze citérieure.

L'ABRUZZE citérieure eſt au Sud-Eſt de
l'Abruzze ultérieure, & s'en trouve ſéparée en grande partie par l'Aterno. Il eſt
probable que ce fut à cauſe de quelques
montagnes qui ſe trouvent au Sud du lac
Fucin, & à cauſe de ce fleuve, que l'on
imagina de ſéparer l'Abruzze en deux
parties.

Elle eſt de forme aſſez inégale. Sur le
golfe de Veniſe, elle a environ dix-huit
lieues de côte du Nord-Oueſt au Sud-
Eſt, & n'en a guère que ſept, dans le

même fens, à fa partie occidentale. On en compte environ quinze de l'Eft à l'Oueft.

Ses principales villes font :

CHIETI (1), *Capitale*, *Archevéché*, au Nord, fur une montagne à la droite de l'Aterno, appelé auffi dans cet endroit Pefcara. Cette ville ne laiffe pas d'être confidérable, c'eft la réfidence du premier Magiftrat de la Province. Outre fa Cathédrale, on y compte trois Paroiffes, fept Couvens d'hommes & deux de filles.

C'eft en cette ville, dont le nom ancien eft Theate, que fut établie, en 1524, la Congrégation des Religieux qui portent le nom de Théatins.

PESCARA (2), au Nord-Eft, à l'embouchure de l'Aterno. C'eft une Place forte, qui a titre de Marquifat.

ORTONA (3), *Evéché*, *Port*, au Sud-Eft. On dit quelquefois *Ortona à Mare*. Son port eft actuellement en affez mauvais état. Cependant elle eft affez peuplée. Sa Cathédrale eft dédiée à S. Thomas. Il y a de plus fix Couvens d'hommes & un de filles. Ses environs font en grande partie habités par des Illyriens.

––––––––––

(1) Teate, ou Theate.
(2) Aternum.
(3) Ortona.

LANSCIANO (1), ou l'Anzano, *Archevéché* au Sud, sur le torrent de Feltrino. Elle n'est considérable que par les foires qui s'y tiennent deux fois l'an. Outre sa Cathédrale, dédiée à l'Assomption, elle a sept Couvens. Son Evêque n'a pas de suffragant.

SOLMONA (2), ou Sulmona, *Evêché*, *Principauté*, vers le Sud - Ouest, sur la Sora. Cette ville est belle & assez bien bâtie : on y compte, outre sa Cathédrale, dix Paroisses, huit Couvens d'hommes & quatre de filles. Son Evêque relève immédiatement du S. Siège.

§. III.

Du Comtat de Molise.

CE Comtat, situé au Sud de l'Abruzze citérieure, est de forme triangulaire. Il a environ quatorze lieues dans sa plus grande étendue, du Nord-Ouest au Sud-Est, & du Nord-Est au Sud-Ouest.

Ses principales villes sont :

TRIVENTO (3), *Evêché*, au Nord, sur le Trigno. Cette ville est peu considérable.

____

(1) Anxanum.
(2) Sulmo.
(3) Triventum.

G 3

LARINO, *Evêché*, au Sud-Est. Elle est encore au-dessous de la précédente. La peste y fit, il y a quarante ans, un ravage, dont la ville ressent encore les effets par le petit nombre d'habitans qu'elle renferme. Il y a une Cathédrale & deux Couvens de Religieux.

On trouve des familles Albanoises dans ce pays.

MOLISE, à l'Ouest, a donné son nom à ce Comté : ce n'est qu'un bourg.

ISERNIA (1), *Evêché*, à l'Ouest, dans l'Apennin. C'est la ville la plus considérable du pays. Elle renferme, outre sa Cathédrale, cinq Couvens de Religieux, & deux de Religieuses. Elle a titre de Principauté. C'est la patrie du Pape Pierre Célestin.

BOïANO, *Evêché*, *Duché*, au Sud-Est, sur le Tiferno. Elle est fort peu considérable. Elle renferme une Cathédrale, sept Paroisses & plusieurs Couvens.

Il n'y a point de Tribunal dans le Comté de Molise : ce pays ressortit au Présidial de la Capitanate. Cependant, comme on a voulu conserver le nombre de douze Présidiaux, l'Abruzze est divisée en trois ; savoir, celui de *Chieti*, celui de *Teramo*, & celui d'*Aquila*.

____

(1) Æsernia.

ARTICLE II.

DE LA TERRE DE LABOUR.

LA division comprise ici sous ce nom, renferme la *Terre de Labour propre*, la *Principauté citérieure* & la *Principauté ultérieure*.

§. I.

De la Terre de Labour propre.

I.

LA Terre de Labour est inclinée le long de la mer du Nord-Ouest au Sud-Est, & peut avoir, dans ce sens, environ trente lieues ; sa largeur moyenne est d'environ douze lieues de l'Ouest à l'Est.

Elle a la mer à l'Ouest, la Campagne de Rome au Nord-Ouest ; au Nord-Est, l'Abruzze citérieure & le Comtat de Molise ; & à l'Est, dans sa partie méridionale, la Principauté ultérieure.

II.

Ce pays est montagneux en plusieurs endroits, & présente presque par-tout les ravages du feu dans sa partie méridionale.

G 4

J'aurai occafion de faire connoître quelques lieux finguliérement remarquables à
cet égard.

Ses principaux fleuves font :

Le *Garigliano* (1), qui commence vers
l'Oueft du lac de Célano, vient par le
Sud-Eft paffer auprès de Sora, puis fe
jette au Sud, à l'Eft du petit golfe de
Gaëte.

Les Anciens avoient attribué différentes propriétés aux
eaux du Liris (*le Garigliano*). Les Modernes ne leur
trouvent aucune de ces qualités. On remarque feulement qu'elles font affez limoneufes : fon cours n'eft pas
très-rapide, mais le lit eft profond. Ce fleuve eft large
comme le petit bras de la Seine en face du quai des
grands Auguftins.

Le *Volturno* (2), qui commence au
Nord, dans une chaîne de montagnes qui
eft à l'Oueft de l'Abruzze citérieure. Il
vient à Capoue, & fe jette à l'Oueft dans
la mer.

C'eft la beauté & la fertilité de ce pays
qui lui avoient fait donner, par les Anciens, le nom de *Campania felix*, ou
Champs heureux ; & qui, de même, lui
a mérité, des Modernes, le nom de *Terre
de Labour*. Le terrein y eft fertile en bled,

____

(1) Le Liris.
(2) Le Vulturnus.

en vin, en huile, en lin, en chanvre, en fruits de toute espèce; on y recueille abondamment du miel, de la cire, de la manne. Les terres y nourrissent beaucoup de gibier, & la mer beaucoup de poissons. J'aurai occasion de parler de plusieurs des productions minérales.

Aussi cette province est-elle la mieux peuplée de tout le Royaume.

I I I.

Ses principales villes, en commençant par le Nord, sont :

SORA (1), *Evéché*, ayant titre de *Duché.* Cette petite ville est près des frontières de l'Etat Ecclésiastique, sur la droite du Garigliano. Outre sa Cathédrale, elle a quatre Paroisses, dont deux sont Collégiales, un Couvent d'hommes & un de filles.

C'est la patrie du Cardinal Baronius, Auteur des Annales de l'Histoire Ecclésiastique, qui s'étendent jusqu'à l'an 1198.

ARPINO (2), au Sud-Est de Sora, à quelque distance sur la gauche de Garigliano :

(1) Sora.
(2) Arpinum.

c'eſt une fort petite ville, dont les Auteurs parlent à peine.

On ne la cite guère dans les Géographies modernes, que pour rappeler qu'elle a été la patrie de Cicéron & de Marius.

MONT-CASSIN (1), ou Monte-Caſſino. Ce n'eſt pas une ville, mais une Abbaye conſtruite ſur une montagne, près des ruines de l'ancienne Caſinum, dont on voit encore des veſtiges (2).

Cette Abbaye, dont S. Benoît eſt le fondateur, & où il habita, a quelque choſe d'impoſant par la noble ſimplicité & l'étendue de ſes bâtimens : la façade méridionale a cinq cens vingt-cinq pieds de large. Et M. de la Lande dit, en parlant de l'Egliſe, que le premier coup - d'œil eſt la choſe la plus frappante qu'il ait vue pour la richeſſe, la dorure & la multitude des ornemens (3). Elle eſt remplie de peintures magnifiques, de ſculptures & d'ouvrages de ſtuc dorés. Le Maître-

____

(1) Caſinum.
(2) Caſinum fut détruite par Théodoric, roi des Goths.
(3) Il faut que le goût du faſte ſoit une foibleſſe bien inſéparable de l'humanité, puiſque même on n'a pu s'en défendre dans les cloîtres, où ſe pratique une auſtérité ſévère, & où les hommes renoncent par état aux agrémens de la ſociété, &, pour ainſi dire, au ſentiment de leur exiſtence.

autel, qui est plus magnifique qu'aucun autre lieu de l'Eglise, renferme le tombeau de Saint Benoît & de Sainte Scholastique. Dans cette même Abbaye, il y a un logement où l'on reçoit les étrangers, & un hospice pour les Pélerins, où ils sont servis par des Religieux.

Cette Abbaye fut fondée en 529 par S. Benoît. Ce Saint jouissoit déjà d'une si grande réputation en 543, que Totila, Roi des Goths, alla le visiter; mais les Lombards, qui portoient par-tout le fer & la flamme, ravagèrent cette Abbaye en 589. Les Sarrazins en firent autant en 884, & rasèrent presque tous les bâtimens. En 884, l'Abbé Anglério les rebâtit. L'Abbé Didier, vers 1060, s'occupa beaucoup des embellissemens de cette Abbaye; mais on y a prodigieusement travaillé depuis lui.

Le Mont-Cassin, célèbre par les vertus de ses Religieux, par les études de plusieurs d'entre eux, qui s'occupèrent de Physique & de Médecine, a vu vivre dans ses cloîtres, & sous sa règle, plusieurs personnages considérables, entre autres S. Carloman, fils aîné de Charles Martel, & oncle de Charlemagne, S. Ratchis, Roi des Lombards, &c.

Cette Abbaye dépend immédiatement du S. Siège, & a la Jurisdiction Episcopale sur vingt-une Paroisses & sur plusieurs Couvens. Son Abbé est le premier Baron du Royaume de Naples, & a la première place dans l'assemblée générale des Etats.

AQUINO (1), *Evéché*, vers le Sud-Ouest du Mont-Cassin. C'est une fort petite ville depuis qu'elle fut ruinée par l'Empereur

____

(1) Aquinum.

Conrad. Son Evêque n'y réfide pas, & la Cathédrale eft détruite. Elle eft célèbre par la naiffance de *S. Thomas d'Aquin*, mort en 1274.

La Terre de Labour s'avance vers le Sud-Oueft, & embraffe une portion de mer, que l'on appelle Golfe de Gaëte. Cette partie eft montagneufe. On y trouve

FONDI (1), *Evéché*, *Principauté*, fur la route de Naples, qui, en cet endroit, eft l'ancienne voie Appienne. Cette ville eft petite. Il y a une Cathédrale, une Collégiale & trois Couvens. Ses murailles paroiffent avoir précédé le temps des Romains : elles font faites de groffes pierres de toutes les formes, & ajuftées les unes près des autres, felon que le permet leur configuration. On y voit des couches horifontales ajoutées par les Romains. Son Evêque ne dépend que du S. Siège. Quoique la campagne des environs foit belle, un lac, qui eft dans le voifinage, y rend l'air mal-fain.

« On va voir à Fondi la chambre qu'habitoit Saint
» Thomas d'Aquin, & l'auditoire où il enfeignoit la
» Théologie. Le lac de Fondi eft très-poiffonneux, les
» anguilles en font groffes & excellentes ».

----

(1) Fundi.

Gaete (1), *Evêché*, *Port de mer.* Cette ville est sur le penchant d'une montagne, & n'est pas aussi large que longue. Elle est sur une espèce de presqu'Isle, & ne tient au Continent que par une langue de terre. Elle peut contenir environ dix mille habitans. Les fortifications en sont assez bonnes. On la nomme, en la considérant du côté de l'Etat de l'Eglise, la clef du Royaume de Naples. On y compte, outre sa Cathédrale, qui n'est pas grande, quelques Paroisses, six Couvens d'hommes & deux de filles. La *Torre d'Orlando* y est le monument le plus remarquable.

Cette ville s'est long-temps gouvernée en forme de République. Elle passa depuis aux Rois de Naples. On voit dans le château de Gaëte le tombeau du Connétable de Bourbon, tué au siège de Rome en 1528. Le corps de ce Prince, mort sous l'excommunication, resta long-temps dans une chambre du Château, après avoir été embaumé par ordre de l'Espagne. On l'y voyoit, dans une espèce de niche, debout, habillé de velours verd, avec des galons d'or, botté, l'épée au côté, & ses armes à côté de lui. Le Roi de Naples lui a fait donner enfin la sépulture. Il y a plusieurs curiosités hors de la ville.

(Je passe ici plusieurs villes, qui, quoique Evêchés, sont très-peu importantes, & je regarde comme infiniment plus utile, de

----

(1) Cajeta.

bien faire connoître les lieux intéreſſans, que de fatiguer la mémoire par une nomenclature faſtidieuſe, dont on ne retire aucun fruit réel. Je ferai de même en pluſieurs autres endroits du Royaume de Naples).

CAPOUE (1), *Archevêché*, ſur le Vulturne, au Sud-Eſt de Gaëte. Elle fut fondée par les Princes Lombards, Lando & Landulphe, dans le neuvième ſiècle. Cette ville eſt fortifiée, & il y a une garniſon conſidérable. Il y a un ancien Château; mais elle ne peut être regardée comme importante, que parce qu'elle eſt une Place de guerre. Cette ville eſt aſſez bien bâtie, & ſes rues ſont fort bien alignées. Outre ſa Cathédrale, on y compte ſeize Paroiſſes, neuf Couvens d'hommes & trois de filles. Pluſieurs de ces Egliſes renferment de très-beaux morceaux de Peintures

---

(1) Caſilinum. Je ne veux pas dire que l'ancien nom de Capoue fût *Caſilinum*, c'étoit *Capua*; mais la ville actuelle ſubſiſte ſur l'emplacement de l'ancienne Caſilinum, qui a été entièrement détruite. Capua fut détruite par les Romains, puis par les Vandales. On en voit encore les ruines. La plus conſidérable eſt un bel amphithéâtre, dont les voûtes ſont bien conſervées. On a pris les pierres, qui étoient de très-gros blocs, pour bâtir dans la nouvelle ville. On voit auſſi des veſtiges d'autres bâtimens, comme théâtre, portes de villes, thermes, &c.

& de Sculptures. Il s'y tient tous les ans, au mois de Décembre, une foire considérable.

Cette nouvelle ville de Capoue fut bâtie en 856, &, dans les commencemens, fut le chef-lieu d'un Comté, érigé en Principauté par l'Empereur Otton I; elle fit d'abord partie du Duché de Bénevent. *Son Archevêché fut érigé en 968.*

CASERTE (1), *Evêché*, au Sud-Est de Capoue, n'est pas une ville considérable. Elle a succédé à une ancienne ville Latine, & doit sa fondation aux Lombards.

Charles III y fit poser, en 1752, le 20 de Juin, la première pierre d'un Château qui est très-grand & très-beau. Il a été construit par M. Vanvitelli. Les eaux y sont amenées par un aqueduc de neuf lieues, depuis le lieu de la source jusqu'aux jardins de Caserte. Cette source est vers le lieu que les anciens Romains ont désigné par le nom de *Fourches Caudines* (*Voyez l'Italie ancienne*). Dans cet intervalle on a été obligé de faire, dans une vallée, un pont de seize cens dix-huit pieds, & de cent soixante-dix-huit de hauteur : il a trois étages, & peut être comparé à tout ce que les Anciens ont exécuté de plus grand en ce genre. Dans d'autres endroits il a fallu frayer à l'eau un passage au travers des montagnes : on les a percées en cinq endroits. On doit regarder, comme un fait curieux, qu'à 90 pieds de profondeur, en creusant pour les fondations des piles de la grande arche de l'aqueduc, on trouva une sépulture où il y avoit quantité de cadavres. M. de la Lande, qui rapporte ce fait, ajoute : « de quelle » prodigieuse antiquité devoit être cette sépulture,

____

(1) Calatia.

» puifque , par les ouvrages des Romains , on voit que le
» terrein , il y a deux mille ans , étoit déjà , à-peu-près ,
» ce qu'il eft aujourd'hui ? Car on ne peut guère fup-
» pofer que ces corps aient été d'abord à plus de vingt
» pieds fur terre ». Dans un autre endroit , on trouva
de la pierre qui étoit encore dans un état de molleffe ,
qui indiquoit une nouvelle formation : elle étoit de même
nature , mais n'étoit pas auffi durcie que les parties
environnantes.

NOLE ou Nola (1), *Evêché*, au Sud-Eft
de Caferte, & à l'Eft de Naples. C'eft
une ville peu confidérable actuellement :
on dit qu'elle contient 3000 habitans. J'au-
rois dû dire dans la Géographie ancienne,
qu'Augufte y mourut empoifonné, dit-on,
par des figues que lui fit fervir Livie : mais
peut-être fa mort n'eut-elle d'autre caufe
que le grand âge, les infirmités & les peines
d'efprit qu'il avoit éprouvées. Agrippa
étoit mort auffi à Nole quelques années
auparavant. S. Paulin, natif de Bordeaux,
mourut Evêque de Nola en 481.

Les ruines de fes anciens bâtimens font prodigieufe-
ment altérées. Il n'y refte de deux amphithéâtres que
quelques murailles de briques, le revêtement de marbre
ayant été enlevé par un Comte de Nola, pour bâtir
fon Palais. La Seigneurie de Nola fut comprife dans les
dons faits par Charles d'Anjou à Guy de Montfort ,
compagnon de fes victoires, & l'un des fils du fameux
Comte de Leicefter. Elle paffa enfuite dans la Maifon

______

(1) Nola

d'Orfini.

d'Orsini. Orso Orsini, si connu dans les guerres des Rois de la branche d'Aragon contre leurs Barons, fut Comte de Nola. Sa postérité s'étant éteinte en 1533, le Comté fut & demeura depuis annexé à la Couronne.

NAPLES (1), *Capitale, Archevéché, Université, Port, Place forte.* Cette ville, l'une des plus belles & des plus grandes de l'Europe, n'est pas peuplée à proportion de son étendue. Je vais tâcher d'en donner une idée par les détails suivans.

Description de Naples. Il n'est pas possible d'imaginer une situation plus heureuse, plus belle, plus agréable que celle de la ville de Naples, assise sur le penchant d'une montagne, au fond d'un bassin appelé par les Anciens *Cratère*, dont les bords en amphithéâtre sont embellis de maisons de campagne charmantes, & qui laissent un échappement à la vue pour se promener jusqu'à la mer. Sa grandeur est de deux mille trois cens toises du Nord au Sud, & de deux mille trente ou quarante de l'Orient à l'Occident. On compte dans Naples trente-neuf Paroisses, cinquante-huit Ordres ou Congrégations, dix à douze Hôpitaux, & près de trois cens cinquante mille habitans, dont huit mille Religieux ou Religieuses.

Les deux plus belles rues de Naples sont celles de *Monte-Oliveto* & celle *di Toledo*, qui traverse la ville de presque un bout à l'autre.

L'Eglise Cathédrale est sous l'invocation de *S. Janvier*, & fut bâtie, par les premiers Rois de la Maison d'Anjou, sur les ruines d'un Temple d'Apollon. La façade est majestueuse: elle est en face de l'Hôpital. Deux belles colonnes de porphyre font l'ornement de sa principale porte. Sa voûte est soutenue par cent dix colonnes de granit, trois à chaque pilastre, qui sont à-peu-près ce

---

(1) Neapolis.

qu'elle a de plus remarquable. Le corps de S. Janvier y repose dans une petite Chapelle souterreine de marbre blanc, qu'on croit être un reste de l'ancien Temple. Attenant cette église est celle de Sainte Restitute, où la curiosité se porte d'abord sur une Chapelle de Saint Janvier, appelée le *Trésor*, à cause de sa magnificence & du grand nombre de reliquaires, de vase & d'ornemens précieux dont elle est enrichie. On y conserve, dans une niche à porte d'argent, un ostensoir, où sont deux petites fioles remplies, à ce qu'on dit, du sang de S. Janvier, dont on assure à Naples que la liquéfaction miraculeuse se fait tous les ans, avec le plus grand appareil, le 6 de Mai & le 19 de Septembre.

Dans l'Eglise des *SS. Apôtres*, appartenant aux Théatins, on admire les peintures de la voûte & des Chapelles, quatre beaux tableaux de Luc Jordans, le grand autel orné de bronzes dorés, de jaspes & de pierres précieuses, & les deux Chapelles de marbre, dites Filomarino & de la Conception.

S. Jean de Carbonara, Eglise d'Augustins, possède un Mausolée curieux de Ladislas, Roi de Naples; & l'on y remarque une Chapelle des Marquis de Vico, dont les marbres & les sculptures sont très-estimés. Ces bons Pères font aussi voir du sang de S. Jean Baptiste, qui se liquéfie à l'instar de celui de S. Janvier; car cette espèce de miracle est fort au goût des Napolitains.

De toutes les Eglises de Naples, il n'en est point de plus belle ni de plus richement décorée que *S. Philippe de Neri*, occupée par les Oratoriens. La façade est toute de stuc, ornée d'une colonne, reste d'un Temple de Castor & Pollux, renversé par un tremblement de terre dans le dernier siècle; le Maître-autel est tout de pierres précieuses; les dorures, les marbres, les peintures, les ornemens de toute espèce y sont en quelque sorte prodigués. Les amateurs du merveilleux ne manquent pas d'aller voir, dans la principale Maison des Dominicains, un Crucifix qui confirma, dit-on, la doctrine de S. Thomas, en lui disant ces paroles: *bene scripsisti de me, Thoma.* Les Chartreux, jouissant de douze mille ducats de rente & de la plus belle situation au pied du Château S. Elme, possèdent dans leur Eglise de S. Martin, un grand nombre d'excellens tableaux de l'Espagnolet, & d'autres grands Maîtres. C'est dans la chambre du Prieur des Chartreux que se voit un Christ peint par Michel-Ange. Il est d'une expression si vraie, qu'il a fait dire, & que l'on a cru qu'il avoit été peint d'après un homme réellement attaché à une Croix. De la terrasse de cette Maison on a le plus beau coup-d'œil de l'univers. On voit tout à la fois la ville, le port, le bassin en entier, le golfe & ses rivages, le Paufilippe, le Vésuve, la plaine, jusqu'à Caserte, & toute la chaîne des Apennins qui entourent cette vaste étendue. Je passe sous silence quantité d'Eglises & de Couvens, où l'artiste & le curieux trouveront également de quoi se satisfaire.

C'est dans l'Eglise de *Santa Maria del Parto* que repose le corps & que l'on voit le tombeau du célèbre Poëte Sannazar. Il est orné de la statue d'Apollon & de celle de Minerve, sous lesquelles on a mis les noms de David & de Judith (1). Le bas-relief représente des Tritons.

Le *Palazzo Reale*, Palais du Roi, mérite encore une attention particulière. Sa façade, longue de cent toises, dans l'architecture de laquelle on a fait entrer les trois ordres dorique, ionique & corinthien, est estimée des connoisseurs. Les appartemens sont de la plus grande magnificence. On y remarque plusieurs bons tableaux de Lanfranc, du Corrège & d'Annibal Carrache. Le *Château-neuf*, grande forteresse à laquelle ce Palais communique, laisse voir, dans une de ses cours, un bel Arc de triomphe tout de marbre, érigé en l'honneur d'Alphonse, Roi d'Aragon & de Naples. On y montre aussi une superbe salle d'armes, en état, dit-on, d'armer cinquante mille hommes. Le *Château-de-l'œuf*, ainsi nommé à cause de sa forme ovale, n'est remarquable que par ses fortifications (2), ainsi que le *Château*

___

(1) On dit que les Religieux en usèrent ainsi, pour ôter à un Vice-roi le prétexte de les enlever.
(2) C'étoit autrefois un des Palais de Lucullus.

H 2

S. *Elme*, bâti sur une montagne qui domine toute la ville.

De toutes les Maisons royales, il n'en est point qui renferme plus de curiosités en tout genre, plus de tableaux, plus de morceaux d'Histoire Naturelle, & plus d'antiquités que le Château appelé *Capo di monte*. Les appartemens n'en sont ni beaux ni magnifiquement meublés. Les principales peintures sont une Sainte-Famille par Raphaël, huit tableaux d'Annibal Carrache, cinq du Schidone, son élève ; la belle Danaé & une Madeleine du Titien ; plusieurs Bassans, un S. George de Rubens, un *Ecce homo* & un S. Jean du Guide ; un jugement dernier de Michel-Ange, & plusieurs autres chefs-d'œuvre des meilleurs Peintres. Parmi les raretés on distingue *la Tazza*, beau vase d'agathe, de six pouces de diamètre. Je ne dirai rien des Vases étrusques, des Pierres précieuses, des Médailles, des Crystaux, dont les collections sont aussi vastes qu'intéressantes.

Le *Mulo-Chiaia* commence au Château-de-l'œuf : c'est le plus beau quai de Naples. Il est bordé de grands Palais & d'Eglises : c'est une promenade vaste, la plus agréable & la plus fréquentée dans les soirées d'été. Elle se termine par deux rues ; l'une se rapproche de la mer, où se trouve une autre promenade ; l'autre conduit à une Eglise, où commence la montagne de Pausilippe.

L'opinion des Napolitains, & de quelques voyageurs même, place les *Catacombes* de Naples au nombre des curiosités les plus rares. Il est vrai que la longueur de ces souterreins, qui n'est pas moindre que de deux milles, a quelque chose de surprenant ; mais c'est tout. Ceux qui prétendent qu'ils furent creusés par les Chrétiens, pour leur servir de refuge & pour la sépulture des Martyrs pendant les persécutions, n'examinent point s'il est possible que de pareils travaux aient été entrepris & poussés si loin à l'insu du Gouvernement ; il n'y a pas plus de vraisemblance à imaginer que ces Catacombes furent destinées d'abord à la sépulture du peuple de Naples & des villes voisines. Quand une explication naturelle & concluante se présente d'elle-même, on a mauvaise grace de vouloir en chercher d'autres. Les Catacombes en question étoient de véritables carrières de Pouzzolane, espèce de sable dur dont les Romains composoient leur ciment, & qui sert encore à présent au même usage. Lorsque l'extraction de ce sable précieux fut devenue plus difficile, & que le besoin d'ailleurs en eut cessé, on fit de ces souterreins des cimetières publics, où les Chrétiens, comme les Païens, furent inhumés. Effectivement, ils sont remplis de cavités de différentes grandeurs, les unes en forme de tombeaux, les autres en forme de niches, & dans une telle quantité, qu'ils doivent avoir servi, pendant plusieurs siècles, de sépulture à tout le peuple de Naples.

Naples a trois Théâtres : celui de S. Charles, celui des Florentins, & le Théâtre neuf. Le théâtre de S. Charles est grand & magnifique : il a six rangs de loges, dont soixante-dix appartiennent aux premières Maisons de Naples. On est assis au Parterre, & l'on n'y paie que vingt-six sols (1). On ne joue que des Opéras sur ce Théâtre, & quatre suffisent pour les Spectacles de toute l'année. Ce sont presque toujours des Poëmes de Métastase ou d'Apostolo Zeno, sur lesquels on fait tous les ans une nouvelle musique. Les Napolitains ne s'attachent guère qu'à cette partie, & négligent absolument les décorations & les danses. Le Théâtre neuf est consacré aux Opéras-bouffons, ainsi que le Théâtre des Florentins, sur lequel on joue aussi des Comédies, lorsqu'il passe quelque troupe de Comédiens à Naples. Les Religieux vont au Spectacle comme le reste du public ; & c'est le seul endroit de l'Italie où ils aient cette liberté.

Il y a aussi trois Maisons à Naples, connues sous le

____

(1) La coupe de la salle est bien prise : elle a six rangs, chacun de trente loges : celle du Roi est en face, & en prend deux sur le second & le troisième rang. Le devant de toutes ces loges est en glaces de trois morceaux en un seul cadre. Il y a deux bougies devant chaque glace, & une plus grande à chaque panneau ; ce qui donne, pour l'illumination de toute la salle, cinq cens lumières au moins, dont l'éclat se trouve doublé par la réflexion. On sent qu'un si grand luminaire doit avoir bien des inconvéniens.

nom de *Conservatoires*, où l'on enseigne la théorie & la pratique de la Musique, sous la direction de quelque grand Compositeur. Non-seulement on y apprend la musique vocale & l'on y forme ces voix artificielles d'hommes qui chantent le *dessus*, & que les parens ont en secret fait préparer à ce genre de chant ; mais on y enseigne aussi différens instrumens, & sur-tout les règles de la composition. La plupart des grands Maîtres de l'Italie ont été formés dans ces célèbres Ecoles.

L'Université de Naples, sous le titre de *Studi publici*, mérite bien le titre d'*Université*, ou universelle, par la collection des Sciences que l'on y enseigne. Outre les quatre Facultés, comme nous les avons dans les nôtres, on y enseigne les Mathématiques, la Politique, l'Histoire, les Langues orientales. Des statues antiques trouvées à Portici ont été placées sur la façade du bâtiment.

Les prisons publiques & le lieu d'assemblée des divers Tribunaux occupent un vaste & ancien bâtiment. Autour de la cour de ce Palais sont les cachots à grandes fenêtres & à doubles grilles de gros barreaux de fer. Les prisonniers, en nombre ordinairement assez considérable, la plupart sans chemise & presque nuds, grimpent contre ces grilles, passent leurs bras au travers, demandent, crient & se lamentent.

De toutes les fontaines de la ville, il n'y a de remarquable par sa décoration, que celle que l'on nomme *Fontana-Medina*.

Langue. Les Napolitains n'ont point d'autre Langue que l'Italienne ; mais ils la prononcent & l'écrivent moins purement que les Florentins, les Romains, & autres peuples d'Italie ; ce qui vient apparemment du commerce des étrangers auxquels ils ont été presque toujours soumis.

Gouvernement. Le Gouvernement de Naples est monarchique, & très-agréable aux Napolitains, depuis que le Roi qui les gouverne a pris naissance parmi eux : car, lorsqu'ils avoient des Vice-rois, ils supportoient avec peine la domination Espagnole. Par égard pour la Noblesse, on lui a laissé ses Assemblées ou *Sièges*. Le peuple de Naples a aussi les siennes. Le Ministre envoie à ces affemblées les réfolutions du Confeil d'Etat, & elles y font propofées par les Syndics des fièges, qui les approuvent ordinairement. Les Syndics ou Elus du peuple font chargés de l'approvifionnement de la ville & de tout ce qui concerne cette partie.

La Juftice eft adminiftrée par *la Vicaria*, laquelle comprend plufieurs Chambres, qui font la Vicairie civile, compofée de deux Rotes ; le Confeil, divifé en cinq Chambres, où fe portent les appellations de la Vicairie civile ; & la Chambre royale, *Camera Reale*, où l'on juge en dernier reffort. Il y avoit autrefois des Parlemens dans ce Royaume; les Vice-rois, pour qui ces Cours étoient de cruelles épines, les ont infenfiblement laiffé s'anéantir, & l'on ne s'eft point occupé depuis de leur rétabliffement.

On dit que la Jurifprudence de Naples eft très-embarraffée & longue dans fes décifions. Quelques-uns ont remarqué que ce n'étoit pas qu'il n'y eût affez de gens au fait des affaires. On y compte aujourd'hui plus de quatre mille Avocats & Procureurs ; au refte, l'eft qui peut ou qui veut. On plaide, comme chez nous, de mémoire.

Au refte, les formalités de la Juftice criminelle font fi mal ordonnées, fi multipliées, fi compliquées, que fi le Roi ordonnoit qu'un criminel pris fur le fait fût jugé & exécuté en trois jours, le procès accableroit les Juges de travail. Ces procès font donc ordinairement très-longs. On en apporte pour exemple un trait certifié véritable, & qui prouve en même temps dans quelle incurie reftent le Rapporteur & les Juges déjà faifis d'une affaire. On venoit enfin de juger définitivement un criminel: le Tribunal affemblé, on donna ordre de l'amener pour lui lire fa fentence. Mais, au lieu du coupable, on vit paroître le geolier, qui app. t aux Juges que celui qu'ils venoient de condamner étoit mort, il y avoit un an, d'une longue maladie (1).

____

(1) It Happened lately, that upon the final détermination of the trial, and condemnation of a malefactor, a meffage was fentto the jailor to bring the culprit into court in order to

La population de Naples, selon les regiſtres publics de 1776, montoit à trois cens cinquante mille ſoixante-une ames, dont un grand nombre eſt dénué de maiſons & de propriétés quelconques. Quelques voyageurs ont dit de ceux-ci qu'ils n'avoient, jour & nuit, de retraite que les rues, ce qui n'eſt vrai que pendant l'été. Mais dans les froids & pendant la ſaiſon des pluies, ils ſe retirent dans les ſouterreins de Capo di Monte, où ils dorment comme des brebis preſſés dans un parc. C'eſt cette eſpèce de gens que l'on nomme *Lazaroni*, nom qui s'eſt formé de celui de Lazare, en le ſuppoſant reſſuſcité couvert de guenilles. Il ne faut pas comprendre dans cette claſſe les pêcheurs de Sainte Lucie: ce ſont au contraire les plus beaux hommes de Naples. Ils ont, dit M. Swinburne, les traits des anciennes ſtatues grecques, & des membres ſi bien proportionnés, qu'ils pourroient ſervir de modéles dans toutes les Académies de Deſſin. C'eſt la portion la plus aiſée & la mieux logée de tout le peuple de Naples.

Religion. Si les pratiques ſuperſtitieuſes, les cérémonies d'éclat, les proceſſions & les pieuſes maſcarades conſtituoient l'eſſence de la Religion, il n'y a point, dans la Chretienté, de ville où elle dût être plus en honneur qu'à Naples. C'eſt bien ici le lieu de dire que la forme emporte le fond. Tout Napolitain veut paroitre dévôt, quelles que ſoient d'ailleurs ſes mœurs. L'aſſaſſin le plus déterminé ne va jamais ſans un roſaire. Le Coupeur de bourſe eſt de toutes les Confrairies & aſſiſte à tous les offices. *Per amor di Dio* et l'expreſſion familière des habitans de Naples, dans les choſes même les plus contraires à l'amour de Dieu & du prochain : ils font éclater leur dévotion principalement les jours de Fêtes ſolemnelles. Les gens riches, à Noël, font faire dans leurs maiſons, par des Architectes & des Sculpteurs, ce qu'on appelle le *Preſepio*, la Crèche ; & c'eſt à qui, dans cette circonſtance, étalera le plus de magnificence.

---

receive ſentence, when, behold ! the turnkey appeared and made affidavid that the priſoner had died of a long fit of ſickneſſe the Chriſt-mas *twelvemonthy before. Travels in the two Sicilies, by h. Swinburne*, Vol. I, p. 64.

La même émulation a lieu le jour du S. Sacrement : rien de plus superbe alors que les Repofoirs : rien de plus riche que les décorations des portes & des maifons, rien de plus bifarrement fomptueux que les Proceffions & les Calvacades dont toute la ville eft remplie.

Commerce. Naples fournit à la France une grande quantité de foie crue, quelques taffetas & beaucoup de mouchoirs de foie, dont il fe fait un affez bon débit dans nos Provinces méridionales. Les autres exportations de ce Royaume font de l'huile, du bled, du chanvre, de la laine, de la manne qui vient de Calabre, ainfi que du jus de réglieffe, du poil & des peaux de lapin, du mairrain pour les tonneaux, du marbre, des favons, des effences, des fleurs artificielles, des confitures, & grande quantité de raifins fecs. C'eft à Naples fur-tout, & à Gênes, que fe font ces pâtes connues fous les noms de macaroni, vermicelli, femoule, &c. dont la confommation eft prodigieufe dans toute l'Italie. Le peuple en fait fa nourriture ordinaire. Le jaune de Naples pour la peinture en paftel, & les cordes à boyaux pour les inftrumens, font encore deux branches importantes de commerce. J'ai dit que les macaronis faifoient la principale nourriture du peuple de Naples ; il faut y joindre le poiffon, dont la pêche eft très-abondante, & qui s'y vend à très-bon compte.

En jetant un coup-d'œil plus général fur tout le Royaume, on voit que par rapport au commerce du bled, la principale exportation fe fait dans les Provinces de Capitanate, de Bari, d'Otrante, d'Abruzze, de Molieffe, de Calabre & de Bafilicate. Ces provinces fourniffent à la confommation de l'intérieur du Royaume & des marchés étrangers. Le produit de la Terre de Labour & de Salerne eft réfervé pour l'ufage de la Capitale.

Le produit des huiles eft à-peu-près de fix cens mille *falmes* par an (1), & la confommation de tout le Royaume, y compris la Capitale, excède rarement le nombre de trois cens mille de ces mefures. Un commerce actif feroit paffer le refte chez l'étranger ; cependant on obferve qu'il n'en fort guère, par an, que quarante mille

----

(1) La *falme* contient 9359 pouces cubes du pied de Paris.

au plus : c'eſt donc encore un vice dans l'adminiſtration
& une cauſe de pauvreté pour la nation.

Le produit de la ſoie eſt évalué à huit cens mille
livres peſant par année , dont on ſuppoſe la moitié tra-
vaillée dans le pays , & l'autre moitié tranſportée chez
l'étranger. Mais on en récolteroit une bien plus grande
quantité , & il s'en emploieroit bien davantage dans le
pays, ſans le principe deſtructeur qui ſemble y diriger
toutes les opérations de finance , & ſans les vexations
des Officiers chargés de faire les recouvremens dans
les provinces. Je n'entrerai pas ici dans le détail des
droits, qui ſont conſidérables & très-onéreux pour le
peuple.

Monnoies. Les ducats, les carlins & les grains ſont les
monnoies courantes du Royaume de Naples. Dix carlins
ſont un ducat , & dix grains ſont un carlin. Le ducat vaut
4 liv. 6 ſ. de France , & le carlin 8 ſ. Les monnoies
d'or ſont de deux, de trois, & juſqu'à vingt - quatre
ducats. La plus commune eſt celle de trois ducats , ou
trente carlins , qu'on appelle auſſi *Uncia d'oro*, once d'or.
La piaſtre vaut dix carlins , & le ſequin vingt-ſix (1).
On évalue toute la monnoie courante à huit ou neuf
millions de ducats. Il y a auſſi ſept banques publiques ,
dont les billets ſont toujours payables en argent.

Le palme , meſure pour les étoffes , eſt de neuf pouces
huit lignes & demie de France. Huit palmes ſont une
canne. Le tomolo , meſure de bled , revient à quatre
boiſſeaux de Paris. La botta , meſure de vin , ſe diviſe
en douze barils , qui ſont chacun quarante-quatre & demi
de nos pintes.

Mœurs & uſages. Les Napolitains ont la réputation
d'être menteurs, trompeurs, fainéans , & ils la doivent
à environ quarante mille Lazaronis , ou porte-faix &
mendians, que le Gouvernement pourroit occuper, &
que la Police a beaucoup de peine à contenir. Cette
vile populace de gens oiſifs , & qui ne veulent abſolu-
ment rien faire, eſt certainement, à plus d'un égard ,
un fléau pour la ville.

---

(1) On trouvera à la fin de ce volume un réſumé ſur les monnoies & les meſures en uſage dans les différens Etats de l'Italie.

Il n'eſt preſque plus queſtion à Naples de ces jalouſies horribles & de ces vengeances atroces qui déshonoroient autrefois l'un & l'autre ſexe. Les femmes y ſont plus libres, & les hommes moins défians. Il y a pourtant encore dans la bourgeoiſie un grand nombre de maris qui conduiſent eux-mêmes leurs femmes à la meſſe, & qui s'offenſent quand on les regarde. Le curieux indiſcret en eſt quitté pour des injures & des menaces, & n'a plus à craindre, comme au temps paſſé, les poignards & les couteaux. Les modes françoiſes ſont adoptées généralement à Naples.

Quoique les femmes du peuple, à Naples, aient de beaux yeux & des traits frappans, elles ſont cependant loin d'être belles. Leurs mains & leurs pieds ſont prodigieux, leur taille négligée, leur chair peu ferme, & leur teint décoloré, par l'habitude de vivre au ſoleil. On retrouve parmi elles des modes de coëffures pareilles à celles que l'on retrouve ſur les Médailles Grecques & Romaines, telles que celles de la jeune Fauſtine, de Lucile, de Plautine, de Fauſtine l'aînée, &c.

Le luxe a fait des progrès rapides à Naples depuis quelques années. Il n'y a pas quarante ans que les Napolitaines ne portoient ſur leurs têtes que du retz & des rubans, comme le font encore les Eſpagnoles, & il n'y avoit pas trente d'entre elles qui poſſédaſſent un bonnet; mais la coëffure en cheveux eſt à préſent abandonnée à l'ordre le plus obſcur du peuple, & toute diſtinction d'habits entre la femme d'un noble & celle d'un citoyen eſt oubliée. La dépenſe & l'extravagance ſont portées au plus haut point; les grandes familles ſont oppreſſées de dettes; l'artiſan dépenſe le prix de ſon travail avant de le recueillir; le citoyen, réduit à la plus grande parcimonie, n'a qu'une nourriture commune, & ne mange bien & abondamment, que lorſqu'il eſt invité dehors. Et ſi la nobleſſe vit bien plus honorablement & ſe fait ſervir avec faſte, il ne faut pas croire en général que cette même aiſance ſe manifeſte dans tout ſon intérieur. Elle vit très-retirée & ne donne point à manger. Les Grands & les Miniſtres ſont les ſeuls qui tiennent des tables ſomptueuſes, & dont l'état habituel réponde à leur rang.

L'ufage de quelques maifons nobles eft de ne garder qu'une feule fille deftinée au mariage. On met, dès l'âge de trois ans, toutes les autres au Couvent, & elles n'en fortent jamais, à moins que, par hafard, un Gentilhomme ne veuille les époufer fans dot. La politeffe eft portée à l'excès dans ce pays ; le moindre étranger y eft traité d'Excellence, & la plus laide créature *de bella donna*, belle dame.

Arts & Sciences. Les Sciences & les Arts ont été beaucoup plus cultivés autrefois à Naples, qu'ils ne le font aujourd'hui ; & c'eft apparemment cette indifférence qui a fait donner à la ville le furnom d'*Otioχα*. On y trouve pourtant encore quelques Hommes de Lettres eftimables, quelques Mathématiciens & quelques Naturaliftes. La Peinture y étoit en honneur dans les derniers fiècles : fes plus fameux Peintres furent le Cavalier d'Arpino, l'Efpagnolet, Jordans, le Calabrois, le Bernin, & Salvator Rofa.

Des environs de Naples, à l'Oueft (1).

Quand on fort de Naples par le côté de l'Oueft, c'eft-à-dire, par le fauxbourg de Chiaïa, le chemin conduit à Pouzzoles. On trouve plufieurs objets dignes de curiofité.

1°. Une montagne affez haute, que l'on appelle, parce qu'elle eft creufée, grotte de Paufilippe (2). C'eft deffus

---

(1) Quelques-uns de ces objets n'ont pu être gravés fur la Carte. Je me conformerai, dans ce que je vais dire, à l'excellente defcription que l'on vient de donner des vues de Naples, & qui font faites avec autant de magnificence que d'exactitude.

(2) On prétend que ce nom vient du grec Παυσις της λυπης (*Paufis tès lypès*, c'eft-à-dire, *ceffation de trifteffe*) ; ce qui répond très-bien aux idées que doit infpirer la beauté de fa fituation.

cette montagne, du côté de Naples, qu'est un tombeau, que l'on croit vulgairement être le *tombeau de Virgile* : il est assez grand pour avoir été le tombeau d'une famille entière. Cela n'est pas plus certain que là petite fable que l'on débite sur le laurier qui s'y voit, & que l'on prétend y exister depuis le temps de ce poëte, après y avoir crû sans culture. Une grande partie des voyageurs en emporte respectueusement quelque feuille.

La grotte de Pausilippe est percée dans la longueur d'environ un tiers de mille : la largeur de cette voûte souterreine est d'environ trente pieds, ensorte que deux voitures peuvent y passer de front ; sa hauteur est de quatre-vingts pieds à l'ouverture, & de trente vers le milieu. On y voit très-peu, quoiqu'il y ait à certaine distance l'une de l'autre, deux ouvertures qui prennent du jour par le haut de la montagne.

Tout près, sur une côte appelée Mergellina, est l'Eglise de Santa Maria del Parto, où est le tombeau du fameux Poëte latin Sennazar, qui fut le fondateur de ce Couvent (1).

2°. En sortant de la grotte de Pausilippe, on trouve deux chemins :

L'un va le long de la mer à Pouzzoles, il est sur la gauche. On voit, en suivant cette route, des ruines d'un colysée, celles d'un pont que l'on appelle *Pont de Caligula*, quoique sans fondement, puisque ce qui en reste est construit de lave, & que Suétone, Livre IV, dit expressément que ce pont étoit fait de bateaux arrêtés avec leurs ancres. Il établissoit un passage de Pouzzoles à Baies. On trouve aussi quelques ruines d'ancien temple.

L'autre chemin, qui est à main droite, conduit plus ou moins directement à différens lieux, dont je vais parler.

3°. Le lac d'Agnano, qui est dans une vallée, a environ un mille d'Italie de circonférence. On y pêche de

____

(1) Sennazar étoit Secrétaire du Roi Frédéric (dépouillé de son royaume par Louis XII, en 1501). Ce Prince lui avoit donné une maison de campagne en ce lieu, où il y avoit une tour, qui fut abattue par Philibert, Prince d'Orange, & Général des troupes de l'Empereur. Ce fut à la place de cette tour que Sennazar fit bâtir l'Eglise.

très-bonnes tanches, & l'on y chasse beaucoup d'oiseaux aquatiques. On voit souvent cette eau bouillonner : c'est l'effet de quelque *gaz* qui s'en dégage : effet que l'on ne croyoit ci-devant devoir attribuer qu'à la chaleur.

4°. Les bains de Saint-Germain, ou *di San Germano*, sont au bord du lac d'Agnano. Comme il s'élève de terre en cet endroit une vapeur chaude, on a pratiqué des chambres pour la retenir, & procurer des transpirations abondantes & salutaires. Il y a quatre chambres où l'on place les malades, qui, la plupart, se couchent sur des bancs de pierre, enveloppés dans une couverture. La chaleur y est de 39 à 40 degrés du thermomètre de M. de Réaumur. Ce remède s'emploie contre la paralysie, la goutte, l'affoiblissement des membres, les ulcères intérieurs, &c.

5°. Près de ces bains est la grotte du chien. Son nom lui vient de ce que les animaux à quatre pattes, & les chiens particuliérement, avec lesquels on a fait souvent cette expérience, y sont suffoqués très-promptement. Elle est creusée dans un terrein sablonneux, à la profondeur de dix pieds, n'a que neuf pieds de haut à l'entrée, & beaucoup moins dans le fond, sur environ quatre de large. La vapeur méphitique ne s'élève guère qu'à six pouces en hiver, au lieu qu'en été elle monte jusqu'à huit, & même dix. (*Voyez d'ailleurs sur la nature de ce gaz, ce que j'ai dit dans la Géographie Physique de l'Italie.* Italie ancienne).

6°. A peu de distance est la solfatare, ou soufrière. C'est une petite vallée, qui, des montagnes voisines, paroît blanche & jaune. Là est une plaine d'environ deux cens cinquante toises de longueur. Le terrein y est chaud dans certains endroits, il y en a où il est brûlant. On y fait des creux dans lesquels on place les malades, auxquels cette chaleur sulphureuse peut être utile. On en retire beaucoup de soufre par un procédé fort simple. Pendant l'hiver, on tire du creux de ces collines une terre durcie, ou plutôt une sorte de pierre tendre toute imprégnée de soufre : on la met dans de grands pots de terre, placés dans un fourneau, où ils restent l'espace de huit heures. Chacun de ces pots communique par un tuyau à un autre pot vuide, où le soufre, en se fublimant, c'eft-à-dire, en fe réduifant en vapeurs, eft obligé de paffer. La vapeur s'y condenfe, & le foufre coule par un trou fait à la partie inférieure du pot vuide. Il eft reçu dans une tinette de bois. On l'épure enfuite pour le commerce. On en fait chaque année environ deux cens foixante-treize quintaux. (*Voyez de plus ce que j'ai dit de la folfatare.* Italie ancienne).

Un peu au midi de la folfatare, il y a un Couvent de Capucins, dans l'Eglife defquels on fent les effets de la chaleur du terrein ; & c'eft à cette chaleur ficcative, que l'on doit attribuer, fans doute, la confervation de plufieurs corps de morts, qui font regardés, dans le pays, comme les reftes d'autant de Saints (1).

POUZZOLES (2), *Evêché, Port.* C'eft une affez petite ville, recommandable feulement par fes antiquités. On y compte environ huit mille habitans. Il y a fix Paroiffes, outre la Cathédrale, fix Couvens d'hommes & deux de filles. Le plus beau des monumens eft un Temple de Sérapis.

C'eft des environs de cette ville que l'on a d'abord tiré cette efpèce de gravier, que l'on nomme Pouzzolane ou Pozzolane (Voyez l'*Italie ancienne*). Les reftes que l'on dit avoir appartenu au pont de Caligula, ne font autres que ceux d'une jetée faite pour former un abri, pour mettre les barques des Anciens en fûreté. Elle étoit très-bien conftruite. Les paremiens font en briques, & l'intérieur en pierres volcaniques.

Le Golfe de Pouzzoles étoit autrefois un des plus

---

(1) Je fuis obligé de fupprimer ici beaucoup de détails de lieux intéreffans, qui fe trouvent indiqués dans M. de la Lande, dans les vues de Naples, dans M. Ferber, M. Swinburn, &c. Il fera utile de les étudier dans ces Ouvrages.

(2) Puteoli.

délicieux endroits de l'Italie. Il s'étend de Pouzzoles à Baies, qui est à l'Ouest.

BAIES (1) n'est plus rien aujourd'hui. Il n'est intéressant qu'autant qu'il rappelle, 1°. le souvenir de la vie délicieuse des Romains, dont les plus riches habitoient en Eté ses environs; 2°. le premier Triumvirat qui y fut arrêté, entre César, Pompée & Crassus; 3°. le meurtre d'Agrippine assassinée près de-là, par ordre de Néron; 4°. la mort de l'Empereur Adrien, qui fut enterré à Pouzzoles. On y trouve beaucoup de restes d'antiquité.

Au Nord de Baies on trouve,

1°. Le lac Lucrin, qui étoit fameux du temps des Romains, par ses huîtres & l'abondance de ses autres poissons. Il est actuellement fort diminué, à cause du nouveau terrein qui s'est élevé au milieu de ses eaux, en 1538.

2°. Le Monte Nuovo, ou montagne nouvelle, élevée au milieu du lac Lucrin, le jour de la Saint-Michel, en 1538, après un violent tremblement de terre de plusieurs jours (2). Le Monte Nuovo a quatre cens toises de haut & trois mille pieds de circonférence.

3°. Le lac d'Averne, qui est une espèce de bassin d'à-peu-près trois cens toises de diamètre, environné de collines. C'est au bord de ce lac que se trouve une sombre caverne que l'on soupçonne, avec beaucoup de probabilité, avoir été un chemin entrepris, & peut-être exécuté, pour aller de ce lac jusqu'à Cumes. On

____

(1) Baïæ.
(2) On peut voir une description de cet événement à la fin des lettres de M. Ferber.

la nomme aujourd'hui l'*Antre de la Sybille* (1). On y
montre en effet, dans l'intérieur, quelques petites salles,
& des bains, que l'on prétend avoir été à son usage.

On rencontre encore quelques autres lacs & des ruines,
jusqu'à la pointe où se trouvoit autrefois le cap & la
ville de Misène, détruite en 890, par les Sarrazins.
Tout cet endroit, jusqu'aux ruines de Cumes, est on
ne peut pas plus intéressant.

Des environs de Naples, au Sud-Est.

Le chemin qui conduit de Naples à Portici est large, agréable, garni d'un côté de
maisons, & ayant de l'autre le rivage. Il
conduit aux lieux suivans :

Portici. Ce n'est qu'un village ; mais
il est bien bâti, & le Roi de Naples y a
un Château ou Palais, qui est d'une très-
grande étendue. Il a été construit par le
Roi Don Carlos ; & l'intérieur en est d'une
très-grande magnificence. Il y a un beau
Musæum, où l'on conserve les restes d'antiquités transportables, trouvés à Herculanum & à Pompeii. Le Roi de Naples a
fait graver magnifiquement cette riche
collection.

Ces deux villes furent détruites par l'éruption du Vésuve, de l'année 79 de notre Ere. Les Naturalistes pensent

---

(1) Les Anciens admettoient l'existence de certaines femmes
douées d'un esprit surnaturel & prophétique. Il y en avoit
dans plusieurs contrées ; mais la plus fameuse est celle de
Cumes, dont il est parlé dans Virgile. En remontant à son
étymologie, Sybille signifie *parleuse*.

qu'elles furent alors remplies, non d'une lave enflammée, qui eût tout détruit, mais de cendres chaudes, fluides & bourbeuses, & en donnent pour preuves, que presque tous les corps y sont enveloppés d'une matière qui en a reçu & conservé les formes. On remarque seulement qu'elles sont d'une nature différente à Herculanum & à Portici. On n'avoit, de ces deux villes, que le souvenir de leur ancienne existence ; on disputoit sur leur situation passée, lorsqu'en 1713, le Prince d'Elbeuf (1) trouva, en faisant fouiller à Portici, des restes d'antiquités, qui conduisirent insensiblement à la découverte d'Herculanum. Cependant, ces travaux furent interrompus jusqu'en 1736, que le Roi Don Carlos les fit reprendre & continuer. Je ne m'étendrai pas sur la description des découvertes faites à Herculanum & à Pompeii : on les trouve ailleurs. Il suffit de dire ici que l'on y a trouvé des antiquités de tout genre, depuis les peintures & les sculptures, propres à décorer les Places & les maisons, jusqu'aux *nécessaires* de toilettes & aux *ustensiles* des cuisines ; ensorte que l'on pourroit tirer du cabinet de Portici de quoi monter une maison entière , tout à la Romaine. Je remarquerai seulement :

1°. Que les cendres qui ont englouti Herculanum se sont converties en tuf ; au lieu que celles de Pompeii sont plus grossières & sont plus détachées entre elles.

2°. Qu'Herculanum est restée ensevelie sous terre, & que les fouilles s'y font à soixante-dix, & même à cent douze pieds de la surface du terrein actuel : pour arriver à cette profondeur, on traverse des couches volcaniques, &, par intervalles, des couches de terres végétales. Il n'y a que le Théâtre de libre dans Herculanum.

---

(1) Le Prince d'Elbeuf, Emmanuel de Lorraine, étoit allé à Naples, en 1706, à la tête de l'armée Impériale que l'on y avoit envoyée contre Philippe V. Ce fut à l'occasion de son mariage avec la fille du Prince de Salsa, en 1713, qu'il désira avoir une maison de campagne à Portici. Il vouloit faire composer du stuc avec de la poussière de marbre ; on en cherchoit des morceaux. Un paysan en avoit trouvé en creusant un puits : il vendit au Prince la liberté de faire fouiller au même endroit, & l'on trouva d'abord une statue d'Hercule, puis une de Cléopâtre.

La hauteur de la couche de lave qui recouvre cette ville ne permettant pas de fouiller aussi facilement qu'à Pompeii.

3°. Que la ville de Pompeii est tout-à-fait découverte, qu'on se promène dans sa grande rue. Il y existe, entre autres monumens, un Temple d'Isis, & un grand emplacement avec des chambres, qui doivent avoir servi à des soldats. On a trouvé quelques squelettes de prêtres dans une des parties du Temple, & quelques autres de soldats dans des espèces de casernes. L'aspect nous donne idée de la bâtisse des Anciens pour les usages particuliers. En général, il paroît qu'elle ne valoit pas la nôtre. Les rues sont petites, les maisons aussi ; les plafonds sont voûtés : tout est revêtu de stuc. Les peintures sont médiocres. Un Priape, placé sur une porte, fait présumer que les lieux destinés à la débauche avoient des enseignes, comme ailleurs les marchands au détail. Il ne paroît pas que leurs appartemens fussent aussi commodes que les appartemens modernes. Les cuisines ressemblent aux nôtres pour les fourneaux. Les murs sont peints en arabesques, & le pavement des chambres est de marbre travaillé en mosaïque. Les pièces y sont généralement petites : il y en a plusieurs destinées à des bains, dont la distribution est fort recherchée. Les boutiques sont absolument dans la forme des nôtres. Le pavé des rues est comme celui des voies antiques.

Le Vésuve. Quand on s'est éloigné de Portici, on trouve trois chemins qui conduisent au Vésuve ; l'un est au Nord, du côté de S. Sébastien & de la Somma ; le second à l'occident, commence à Resina ; & le troisième est à l'Orient, du côté d'Otajano, ou Ottaïano. Le chemin de Resina est le plus fréquenté, mais le plus difficile. A moitié chemin, on quitte les voitures pour monter à cheval ; on descend encore une fois, lorsque l'on eſt arrivé à une certaine hauteur, & le reſte de la route ſe fait à pied.

Je ne décrirai point la force du Véſuve, qui a ſûrement varié par les dernières éruptions, & je ne m'étendrai pas ſur les effets de ce volcan. On peut voir ce que j'ai dit, Italie ancienne ; mais n'ayant pas alors une deſcription de cette dernière éruption, je vais la donner ici telle que je l'ai eue entre les mains, manuſcrite & envoyée de Naples, par M. de Preſſac, Lieutenant-Colonel au Régiment de Namur.

Deſcription de l'éruption du Véſuve. du 2 Août 1779.

Le 2 Août 1779, à ſept heures du matin, le Véſuve s'ouvrit par le flanc qui regarde le Somma : il en ſortit une lave qui ſe diviſa en deux branches ; l'une courut vers l'Hermitage, & l'autre vers Ottaïano, c'eſt-à-dire, du côté oppoſé ; l'une & l'autre de ſes laves ayant pris leur cours ſur les anciennes, on y fit peu d'attention. Samedi matin 7, l'éruption ceſſa, & à peine, l'après-midi du même jour, appercevoit-on un peu de ſumée : vers minuit, il ſe fit une nouvelle ouverture, & la bouche du mont jetta quelques gerbes mêlées de pierres. Le matin du 8, tout paroiſſoit tranquille, &, comme il y eut de la pluie juſqu'à près de midi, on ne put guère obſerver le mont caché par les nuages ; mais le temps étant devenu très-clair ſur les trois heures, on le vit dans une parfaite tranquillité. Le ſoir, à huit heures quarante minutes, le baromètre étant à vingt-ſept pouces dix lignes, & le thermomètre étant à vingt-un degrés, on vit tout-à-coup ſortir de la bouche des flammes qui, entraînant avec elles des pierres énormes, après les avoir élevées à plus de deux mille toiſes, en couvrirent à l'inſtant le Véſuve & tous les environs, de ſorte que tout paroiſſoit enflammé ; le ſommet de la Somma, qui eſt éloigné de celui du Véſuve de plus de deux mille cinq cens toiſes, en ligne directe, en fut parſemé dans l'inftant ; &, comme le vent fouffloit du Sud-Eft, il porta des pierres jufqu'à Nola, ville éloignée du volcan d'environ douze milles, ou quatre lieues : elles endommagèrent le toit & les vitres de beaucoup de maifons. Dans les campagnes des environs de ce lieu, la terre a été couverte de quatre à cinq pouces de cendres & de pierres ponces calcinées : la violence de ce feu dura vingt minutes, puis ceffant tout-à-coup, on n'apperçut plus une étincelle à la bouche ; mais les pierres enflammées, dont le Pain-de-fucre, la Somma & les vallées des environs étoient couvertes, furent plus d'une heure & demie à s'éteindre, de forte que tout paroiffoit enflammé : de cette effrayante colonne de feu, on vit fortir des éclairs affreux, qui, fuivant un nuage noir & épais, formé par la fumée, & dont la plaine étoit couverte, vinrent éclater par milliers fur les environs de la ville, en s'éloignant toujours de plus en plus du foyer d'où étoit forti le premier. Leur couleur étoit abfolument celle du feu électrique. Jamais ce phénomène n'avoit été apperçu dans les précédentes éruptions ; &, quant à la véhémence du feu, on ne fe fouvient pas d'avoir rien vu de pareil : Naples en étoit éclairé. Pendant que cette fcène effrayante fe paffoit, il s'ouvrit plufieurs crevaffes vers Ottaïano ; & la lave, la cendre & les pierres enflammées, ont caufé les plus grands défaftres à ce village & à celui de la Somma. Une maifon du Roi appelée Cacciabella a été fort endommagée ; il y a même péri quelques perfonnes. Le Roi, qui fe trouvoit alors au théâtre des Florentins, fit ceffer le Spectacle, & envoya l'ordre d'en faire autant à tous les autres théâtres. Sa Majefté fe rendit à Paufilippe ; mais bientôt elle y fut fuivie par plufieurs milliers de Lazarons & quantité de femmes ; les uns & les autres armés de torches, qu'ils avoient arrachées à tous les coureurs rencontrés fur les routes, ou qu'ils avoient volées dans les boutiques.

Cette populace, s'arrachant les cheveux, & courant vers le Palais du Roi, fut rencontrée par le premier Ecuyer, auquel Sa Majefté avoit donné la clef du tréfor de Saint Janvier. Ils mirent le Gentilhomme au milieu d'eux, & le conduifirent en triomphe à l'Archevêché.

Là , on n'eut pas peu de peine à les déterminer d'attendre au lendemain, pour la proceſſion de la Relique du Saint.

Pendant que cette ſcène ſe paſſoit à Naples, les pauvres habitans de Portici, de la Tour des Grecs, &c. quittoient leurs habitations, emportant les malades ſur des brancards, & abandonnant tous leurs effets. Tout ce peuple courut vers Naples ; & le 9, il n'étoit pas reſté un ſeul habitant dans ces lieux : la garde même du Palais de Portici fut obligée de ſe retirer.

Le 9, vers les dix heures du ſoir, le Véſuve commença à vomir des pierres avec autant de force que la veille ; mais la clarté du jour empêchoit de voir les flammes auſſi diſtinctement : cela dura juſqu'à environ trois heures après-midi ; & depuis cette époque, le feu diminua ſenſiblement juſqu'au 11 au matin, qu'il recommença avec à-peu-près la même violence que le 9 ; il ſe calma de nouveau vers les quatre heures après-midi. Le ſoir, le mont fut couvert d'un orage très-noir, qui dura juſques vers les dix heures ; & , lorſqu'il fut diſſipé, on apperçut du feu en aſſez petite quantité : ce feu n'augmenta pas dans la nuit ; mais le Véſuve fit un bruit conſidérable juſqu'au matin : bruit que l'on avoit déjà entendu la veille, lors de l'exploſion, mais qui avoit été moins remarqué, à cauſe de la rumeur générale. Le cratère, vu de loin avec une lunette, paroiſſoit s'être conſidérablement agrandi.

§. I I.

De la Principauté citérieure (1).

I.

Cette partie de la Terre de Labour

____

(1) Ce nom de Principauté vient de ce que les anciens maîtres de ce pays, ſous les Lombards & les Normands, portoient le titre de Princes. Ils réſidoient à Salerne ou à Capoue.

s'étend, le long de la mer, depuis la Terre de Labour propre, au Nord-Ouest, jusqu'à la Calabre au Sud-Est. Elle a, à l'Est, une partie de la Principauté ultérieure, & une partie de la Basilicate.

Son étendue, du Nord - Est au Sud-Est, peut être de vingt-trois à vingt-quatre lieues; sa largeur est fort inégale de l'Ouest à l'Est : on peut l'estimer de huit à dix lieues, mesure moyenne.

I I.

Son principal fleuve est :
Le *Silaro* (1), qui reçoit à sa gauche le *Negro* & le *Calore*.

Ce fleuve (le Silarus) servoit autrefois, de ce côté, de bornes à la Campanie.

Ce pays est assez fertile en vins, en huile, en safran : on y recueille beaucoup de soie, de miel & de cire.

I I I.

En sortant de la Terre de Labour, par le Sud du Vésuve, pour entrer dans la Principauté citérieure, on trouve sur le bord de la mer :

____

(1) Silarus.

CASTEL-A-MARE di Stabia (1), *Evéché*, *Port*, au pied d'une montagne affez fertile. C'eft une fort petite ville, avec un Château. Outre fa Cathédrale, elle a cinq Paroiffes, cinq Couvens d'hommes & deux de filles, avec un Collège. Il y a des eaux minérales dans cet endroit.

Les habitans de cette ville jouiffent du droit de Bourgeoifie Napolitaine. Cette ville eft bâtie fur les ruines de l'ancienne ville de Stabia ; & les fouilles que l'on y a faites, ont procuré la découverte d'un très-grand nombre d'antiques.

SORENTO ou Sorrento (2), *Archevéché*, au Sud-Oueft de Caftel-à-Mare. C'eft une petite ville, qui n'a d'autre avantage que d'avoir été la patrie du Taffe, né en 1544 & mort en 1595. On y voit des reftes d'antiquité.

AMALFI (3), *Archevéché*, *Duché* (4), au Sud. Cette ville eft bien peu confidérable. Elle eft fur le golfe de Salerne. Ses environs font très-agréables.

SALERNE (5), *Capitale*, *Archevéché*, *Univerfité*, *Port*. Cette ville a été autre-

____

(1) Stabia.
(2) Sorentum.
(3) Marcina.
(4) Quelques Auteurs difent qu'elle a titre de Principauté. Elle appartient à la Maifon de Piccolomini.
(5) Salernum.

fois très-confidérable. Elle eft fortifiée, &
a un Château. Ce fut en 974, que fa Cathédrale, dédiée à S. Mathieu, fut érigée
en Archevêché. On y compte feize Paroiffes, treize Couvens d'hommes & quatorze de filles. Elle n'eft pas actuellement
fort peuplée; il n'y a même que deux
grandes rues, toutes les autres font étroites
& affez mal bâties. Cependant il y a quelques beaux Palais.

Les Sarrafins qui s'étoient établis en cette ville, fous
les règnes des derniers Princes Lombards, donnèrent à
Salerne de la célébrité, par leurs Ecoles de Philofophie
& de Médecine. Le goût de ces Sciences s'y perpétua,
& vers l'an 1100, l'Ecole de Médecine publia fes
maximes en vers latins, fous le titre d'*Ecole de Salerne*.
C'eft cette Ecole de Médecine, qui, depuis, a été érigée
en Univerfité.

CAVA, *Evêché*, au Nord de Salerne.
Elle eft affez grande, peuplée & marchande. Elle a fix Paroiffes, fix Couvens
d'hommes & quatre de filles. On y fabrique
beaucoup de toiles fines. Son Evêque relève immédiatement du S. Siège.

En defcendant depuis Salerne, le long du rivage, on
trouve au Sud du Silaro un petit lieu nommé Pefti;
c'eft-là que fe voient les magnifiques reftes de l'ancienne
Peftum. On en a donné la defcription dans un ouvrage
publié à Londres en 1767 (1). « Ce qui a été gravé &

____

(1) Cet ouvrage a pour titre : *The Ruin of Pæftum, or Pofi-
donia.*

» publié par les Anglois se voit encore très-bien con-
» servé. Ces constructions sont effrayantes par la gran-
» deur de leurs blocs & de leurs détails. Leur ensemble
» est noble & très-imposant. Tous les monumens de la
» Sicile portent le même caractère, & l'on peut s'en
» faire une idée par ceux-ci ». (*Note faite sur les lieux
par MM. Molino & Le Grand, Architectes*).

Au Nord du Silaro, & à l'Est de Salerne,
on trouve :

ACERNO, *Evêché*, aux pieds des montagnes qui séparent les deux Principautés.
Elle est peu habitée. Outre la Cathédrale,
il y a une Collégiale.

CAMPAGNA, *Evêché*, au Sud-Est. On
a réuni l'Evêché de Satriano à celui-ci.
C'est une assez petite ville, qui a cependant, outre sa Cathédrale, trois Paroisses,
six Couvens d'hommes & trois de filles.

Elle a appartenu, avec titre de Duché,
à une branche de la Maison de Grimaldi.

*Je passe sous silence quelques villes qu'il
importe peu de faire connoître ici.*

POLICASTRO (1), *Evêché*, tout-à-fait
au Sud, sur le bord d'un golfe, auquel elle
donne son nom. Le mauvais air qui règne
en cette ville l'a réduite dans l'état le plus
misérable.

---

(1) Buxentum.

§. III.

De la Principauté ultérieure.

I.

Cette division est au Nord de la précédente. Elle a, à l'Ouest, la Terre de Labour propre; au Nord, le Comté de Molise, à l'Est, la Capitanate.

Son étendue est d'environ trente lieues du Nord-Ouest au Sud-Est; & de douze, du Sud-Ouest au Nord-Est.

I I.

Ce pays est montagneux dans sa partie orientale & dans sa partie méridionale : c'est ce qui fait que l'air y est assez froid.

Sa principale rivière est :

Le *Sabbato* (1), qui commence au Sud, passe à Avellino, à l'Ouest de Bénévent, & se rend, au Nord-Ouest, dans le Vulturno.

Le *Tamaro* (2), qui vient du Nord par l'Est de Bénévent.

Le territoire n'y est pas très-fertile ; mais

____

(1) Sabatus.
(2) Tamarus.

il abonde en pâturages. On y recueille beaucoup de noix & de châtaignes.

I I I.

Il faut diftinguer, entre les villes de cette divifion, la ville fuivante, qui eft au Pape.

BÉNÉVENT (1), *Archevéché*, au confluent du Sabbato, du Tamaro & du Calore. Cette ville eft placée fur un lieu élevé : elle eft confidérable, & renferme beaucoup de nobleffe. Il y a huit Paroiffes, douze Couvens d'hommes & deux de filles. On y voit un très-bel arc de triomphe, qui fut érigé en l'honneur de Trajan : on l'appelle la Porte d'or, *Porta aurea ;* c'eft-à-dire, la Porte magnifique : car il n'y a ni or ni dorure.

Cette ville, qui a été, comme je l'ai dit, la Capitale d'un Duché confidérable, avoit paffé aux Empereurs, lorfque Henri le Noir la céda à Léon IX, en échange des droits féodaux de la ville de Bamberg, en Franconie, qui appartenoient au Pape. Lorfqu'en 1768 la France s'empara d'Avignon, la Cour de Naples, comme étant de la même Maifon, s'empara de Bénévent; mais ces deux villes furent rendues à leur premier Souverain huit ans après.

Ce fut auprès de cette ville que Charles d'Anjou, Roi de Naples, défit & tua Mainfroi, fon compétiteur, l'an 1266.

---

(1) Beneventum.

ARIANO, *Evéché*, à l'Eſt & au pied des montagnes. Cette ville eſt laide & bâtie ſur le ſommet inégal d'une montagne, ce qui l'expoſe à tous les vents. Elle eſt ſans commerce & ſans manufactures. On y compte quatorze mille habitans & vingt Egliſes, tant Paroiſſes que Couvens. Les revenus de l'Evêque montent à ſix mille ducats. Le ſeul édifice remarquable eſt un magaſin public de grains, de l'ordre compoſite, orné d'antiques & d'une ſtatue élégante de Charles II, Roi d'Eſpagne, tandis qu'il étoit enfant.

MONTE-FUSCOLO, vers le Sud-Oueſt d'Ariano, & le Sud-Eſt de Bénévent, eſt un gros bourg, où le Magiſtrat de la Province fait ſa réſidence. La ſituation de cette ville eſt très-froide : on y jouit d'une vue très-étendue ſur un grand eſpace de terreins montagneux.

AVELLINO (1), *Evéché*, au Sud de Bénévent, eſt une ville conſidérable. Elle s'étend à la longueur d'un mille, ſur le penchant de la montagne : ſes maiſons ſont paſſables, mais les rues ſont vilaines ; & la Cathédrale eſt un pauvre bâtiment gothi-

---

(1) A deux milles d'*Abellinum Marſiam*, à laquelle a ſuccédé la petite ville Atripalda.

que, dédié à l'Affomption. Il y a cinq Maifons religieufes.

Avellino appartient à la Maifon Caraccillo. La Magif-trature de cette ville confifte en un Syndic & quatre Elus ; leur charge eft élective & annuelle. Ces offices font remplis par un certain nombre de familles de dif-tinction, qui ne s'allient, ni ne font aucune fociété avec les autres bourgeois.

Le revenu du Prince confifte annuellement en vingt mille ducats. Le commerce confifte en draps de diffé-rentes couleurs, mais fur-tout en drap bleu ; en diffé-rentes efpèces de pâtes, entre lefquelles il faut diftinguer les macaronis, qui font excellens ; en chaifes de bois, en noifettes, &c. Le vin y eft médiocre.

Les femmes du voifinage font belles, & prennent beaucoup de foin de fe parer à leur avantage. Une fois la femaine, elles fe lavent la tête avec une leffive de cendre de bois, qui change la couleur brune en une cou-leur de lin de différentes teintes fur la même tête.

Le bon peuple (*the grod peuple of this town*) de cette ville, dit M. Swinburn, n'a pas befoin de courir à Naples voir bouillir le fang de S. Janvier ; il a chez lui une ftatue de S. Laurent, avec une fiole de fon fang, qui, pendant huit jours, dans le mois d'Août, éprouve auffi le miracle d'une liquéfaction furnaturelle.

Les montagnes, autour d'Avellino, portent l'em-preinte du feu, & ont éprouvé les effets produits par quelque volcan.

CONZA (1), *Archevêché*, à l'Eft, au-delà des montagnes, & près des fources de l'Ofanto. Elle eft petite & très-peu peu-plée. Cette ville a auffi beaucoup fouffert, par le tremblement de terre de 1694 : une partie de la ville fut détruite.

---

(1) Compfa.

ARTICLE III.

DE LA POUILLE.

CETTE province, dont le nom s'est formé de celui de l'ancienne Apulie, comprend la *Capitanate*, la *Terre de Bari* & la *Terre d'Otrante* ou de *Lecce*.

§. I.

De la Capitanate.

I.

Ce petit pays est à l'Est de l'Apennin; il a au Nord-Ouest le Comté de Molise; à l'Est, le golfe de Venise; au Sud-Est, la Terre de Bari; au Sud, le Basilicate; & au Sud-Ouest, la Principauté ultérieure.

I I.

Il ne laisse pas d'être montagneux à l'Est & au Nord. Le Mont Sant Angelo (1), s'avance dans une espèce de presqu'isle, que l'Italie forme en se prolongeant dans

____

(1) Mont Garganus.

le golfe de Venife. Le terrein y eft plat & fec.

Ses principales rivières font :

Le *Fortore* (1), qui commence à l'Oueft dans les montagnes, vers Boïano, & va fe jetter dans le golfe de Venife, au Sud-Oueft de l'embouchure du Tiferno.

Le *Candelaro* commence au Nord-Oueft de Manfredonia, & fe rend dans le golfe, près de cette ville.

Le *Cervaro* ; il commence dans la Principauté ultérieure, près de Trérico, remonte par le Nord-Oueft, puis tourne à l'Eft entre les montagnes, entre dans la Capitanate, paffe à l'Oueft & au Nord de Bovino, & fe jette dans une efpèce de lac, près du bord de la mer.

Ses bords font charmans. Des bois magnifiques couvrent les montagnes, depuis le fommet jufqu'au bord des eaux.

Les plaines de ce pays font en général sèches & peu fertiles, fi ce n'eft en quelques endroits. Vers les montagnes il y a des bois, & en certains lieux d'affez bons pâturages. On y fait du fel : fa côte, qui s'étend de Manfredonia à l'Ofanto, fournit, en Avril & en Mai, à la pêche d'un poiffon appelé Caleman. Les buffles viennent en grand nombre paître fur cette côte, & fe couchent fouvent dans l'eau, pour fe préferver de l'excès de la chaleur : alors on n'apperçoit que l'extrémité de

____

(1) Le Fronto.

leur

leur museau. La chasse y est très-abondante. Les chasseurs poursuivent la grosse bête avec un grand levrier, deux ou trois mâtins, ayant à la main une lance, & à la ceinture deux ou trois pistolets.

I I I.

Ses principales villes sont :

MANFREDONIA, *Archevéché*, *Port*. C'est une ville moderne, qui a été bâtie des ruines de l'ancienne *Sipuntum* (1). On y compte, outre la Cathédrale, qui est la seule Paroisse, quatre Couvens d'hommes & deux de filles.

Cette ville fut bâtie en 1250, par Mainfroi, Roi des Deux-Siciles (2), & bâtard de l'Empereur Frédéric II. On y transporta l'Archevéque de *Sipuntum* : elle a eu beaucoup à souffrir de la part des Turcs, qui la prirent en 1620. La plaine dans laquelle est cette ville est couverte d'asphodèles, de chardons, d'artichauts sauvages & de férules : cette dernière couvre la moitié de la plaine, & s'élève à une fort grande hauteur.

LUCERA (3), *Evêché*, vers le Sud-Ouest de Manfredonia, sur une colline détachée de l'Apennin, & ayant une vue immense sur la mer & sur la terre. Elle est célèbre par ses laines. Il y a quatre Paroisses, outre la Cathédrale, huit Couvens

______

(1) Voyez *l'Italie ancienne*.
(2) C'est ainsi que l'on nommoit les Princes qui réunissoient le royaume de Naples à celui de Sicile.
(3) Luceria.

Ital. mod. Tome II. K

d'hommes & un de filles ; c'eſt où réſide le Tribunal du Préſidial de la Capitanate & de Moliſe. Il s'y tient une foire tous les ans au mois de Novembre.

Cette ville ayant été ſaccagée au temps de l'Empereur Conſtant II, demeura ſous ſes ruines juſqu'au moment où Frédéric II entreprit de la rendre à ſon ancien éclat. Il fit bâtir ſur une des collines une fortereſſe gothique, qui ſubſiſte encore. Bientôt après il y tranſplanta les Sarrazins de Sicile, pour interrompre leur communication trop facile avec le Continent. De-là vint le nom de *Lucera dei Pagani*. Mais leur inſolence s'accrut avec leur nombre, qui s'augmenta juſqu'à ſoixante mille : ils parcouroient les plaines, & y commettoient toutes ſortes de violences. Après la bataille de Benevent & la mort de Mainfroi, ils furent obligés de ſe ſoumettre au vainqueur. En 1300, Charles II rendit un édit, qui ordonnoit à tout Mahométan, ou d'embraſſer la foi chrétienne, ou de ſortir de ſes Etats. Lucera ne fut plus habitée que par des Catholiques. Mais en vain ce Prince voulut-il la faire nommer *Sainte-Marie* ; l'ancien nom a toujours prévalu.

Troja (1), ou Troïa, *Evêché*, au Sud. C'eſt une très-petite ville, bâtie des ruines de l'ancienne *Æca*. Outre ſa Cathédrale, elle a ſept Paroiſſes & ſix Maiſons religieuſes. On lui conſerve le titre de Comté.

Troja paſſe pour avoir été fondée dans le onzième ſiècle, par ordre des Empereurs Baſile & Conſtantin. Ces Princes vouloient s'en faire un boulevard contre les aventuriers normands, qui cherchoient à s'étendre

____

(1) Æca.

de la grande Grèce. En effet, on l'a regardée long-temps comme une clef de l'Apennin, ce qui l'a exposée à différens sièges. Elle est mémorable par la défaite de Jean d'Anjou. Cette ville appartient à la Maison d'Avalos.

FOGGIA est vers l'Est de Troja. Elle est au centre de la plaine de la Pouille, sans muraille, sans Citadelle & sans portes; elle est cependant une des plus considérables de la Province, parce qu'elle est la résidence du Tribunal appelé par les Italiens, *Tribunale della Dogana della mena delle pecore di Puglia* (1), composé d'un Directeur, d'un Auditeur & de deux Avocats. Elle est bâtie de belles pierres blanches, & a deux ou trois belles rues. La Douane est un bel édifice. Cette ville a une foire considérable; mais elle retire peu d'avantage de toutes les laines qui s'y vendent, parce qu'elles ne sont pas travaillées dans le pays.

Cette ville, ainsi que plusieurs autres de la même côte, ayant été ruinée en 1732, par un tremblement de terre, a été rebâtie avec la plus grande propreté. En Eté, l'air y est mal-sain, & tous ceux qui peuvent en faire la dépense, la désertent pendant les mois les plus chauds. En hiver, on y compte vingt mille habitans. Toutes les rues larges & les grandes places sont bâties sur des fosses voûtées, où l'on serre les bleds pour les conserver d'une année à l'autre. C'est même de ces fosses,

---

(1) C'est-à-dire, Tribunal de la Douane du droit sur les troupeaux qui passent par la Pouille.

Foggie, que s'est formé le nom de *Foggia*. Les orifices de ces fosses font formées avec des planches & recouvertes de terre. Elle est un très-grand entrepôt de bled & de laine. Pour entendre ce qui vient d'être dit de ce droit pour les troupeaux, il faut savoir qu'Alphonse I, roi de Naples, se regardant comme propriétaire des communes royales de la Pouille, appelées *tavalières*, & partagée en cinquante-deux lots, & ayant fourni des belles races de brebis & assuré d'autres avantages aux bergers de l'Abruzze, ceux-ci s'engagèrent eux-mêmes, & pour toujours, à descendre des montagnes chaque année, & à payer, par cent moutons, un droit qui est actuellement de plus de trente ducats. Ils sont obligés de vendre les laines, agneaux, fromages, &c. à la foire de Foggia. Les droits que le roi de Naples retient actuellement, tant du bail des terres que des droits sur les laines, les suifs, montent à quatre cens mille ducats. Dans le temps de la foire, c'est le rendez-vous d'une partie de la noblesse Napolitaine, qui vient y exercer sa dextérité contre les Gentilshommes des campagnes des environs. On y joue un jeu fort, qui fait quelquefois beaucoup de tort à ces derniers.

Cette ville fut autrefois le séjour favori des Princes Allemands, & ne fut pas moins agréable à Charles I, leur ennemi. Il y avoit planté des jardins & des vergers & bâti un Palais somptueux, lorsqu'il y mourut le 7 Janvier 1285.

ASCOLI (1), *Evêché*, au Sud-Est de Troïa : elle a titre de Duché. Cette ville fut bâtie en 1410, sur les ruines de l'ancienne Asculum, détruite depuis onze ans par un tremblement de terre. Elle ne laisse pas d'être considérable. Outre sa Cathédrale, il y a trois Couvens.

---

(1) Asculum.

I V.

Les Grecs donnoient au Gouverneur qui réſidoit dans la Pouille, le nom de *Catapon*, d'où, par corruption, s'eſt formé Capitanate. La Capitanate devint une province particulière, lorſqu'elle fut ſéparée du reſte de la Pouille, par un de ces Catapons, Baſile Bagiano, qui ſe l'appropria.

§. I I.

De la Terre de Bari.

I.

Cette petite province s'étend au Sud-Eſt de la Capitanate, le long de la mer, dans la longueur d'environ vingt-cinq à vingt-ſix lieues. Sa plus grande largeur eſt de douze ; mais par-tout ailleurs elle eſt bien plus étroite.

I I.

Ce pays eſt fermé du Nord-Oueſt au Sud-Eſt, par la chaîne de montagnes qui, ſe détachant de l'Apennin, va former la preſqu'iſle du Sud-Oueſt de l'Italie, où ſe trouve la terre d'Otrante, & que l'on appelle le *Talon*, en comparant l'Italie à une botte.

Son fleuve le plus confidérable eft :

L'*Ofanto* (1), qui lui fert en quelque forte de borne au Nord-Oueft, & la fépare de la Capitanate. Il commence dans la Principauté ultérieure, à l'Oueft de Conza, remonte vers le Nord-Eft, & fort de deux fources qui embraffent le cône du Mont-Voltore & fe réuniffent à fon pied ; c'eft-à-dire, qu'il y a deux fources principales ; car il y a plus de cinquante ruiffeaux qui réuniffent leurs eaux vers les fources de ce fleuve. Il fe jette dans le golfe de Manfredonia, au Sud de Barletta. C'eft à quelque diftance de cette embouchure, que fe donna la fameufe bataille de Cannes. Voyez l'*Italie ancienne & la Géographie ancienne de l'Encyclop. au mot* CANNÆ.

La terre y eft en général fort fèche, & l'on y manque d'eau. On s'en procure en creufant des puits profonds ; mais vers la mer, elle eft quelquefois faumâtre. Elle abonde en gibier : mais on y trouve beaucoup de ferpens, & de cette efpèce d'araignées que l'on nomme tarentules.

Il y croît beaucoup de myrthes, & quelques autres plantes qui n'ont pas un fort grand befoin d'eau.

---

(1) Aufidus.

III.

Les principales villes de ce pays, en commençant au Nord, font :

BARLETTA (1), prefque à l'embouchure de l'Ofanto, où il y a un pont. On y compte deux Paroiffes, dont une eft Collégiale, & douze Maifons religieufes, un Hôpital & un Prieuré de l'Ordre de Malte.

Barletta préfente au dehors une perfpective ruinée : fes murs font dégradés, fes foffés tombent en ruine ; mais l'intérieur de la ville eft magnifiquement bâti, quoique médiocrement peuplé. Les rues font larges & bien pavées, les maifons vaftes & nobles, bâties en pierres quarrées, qui, avec le temps, ont acquis un poli peu inférieur à celui du marbre. Cette ville doit fes embelliffemens à la politique des Rois d'Aragon, qui y ont réfidé pour s'affurer de la foi des habitans de la Pouille. Ce qu'il y a de plus remarquable dans la Cathédrale, ce font des colonnes de granit. Ferdinand I fe fit couronner dans cette Eglife. On voit dans le marché une ftatue coloffale de bronze de dix-fept pieds trois pouces de haut, que l'on croit repréfenter l'Empereur Héraclius.

La Citadelle eft fpacieufe & domine le port, qui eft actuellement un vrai labyrinthe, confiftant en quelques pierres irrégulières, où les vaiffeaux font amarés, mais fans aucun abri du vent de Nord, qui fouffle également dans tout le baffin.

Baccius prétend que ce lieu n'étoit d'abord qu'une hôtellerie, ayant pour enfeigne un baril, *barilleta*. Mais après la ruine de Canofa & de Cannes, il fe forma

---

(1) Barduli, appellé auffi Bardulum, felon quelques Auteurs.

une petite colonie autour de cette auberge, puis une petite ville. En 1484, le Pape Gélase y fonda une Églife, qui devint la Cathédrale des fièges réunis de Nazareth, de Cannes & de Monteverde. Ce lieu s'accrut beaucoup fous l'Empereur Frédéric : au quinzième fiècle, elle étoit eftimée une des plus puiffantes forterefles de l'Italie (1).

La route de Barletta à Trani eft une des plus rudes qui ait jamais été battue par des hommes ou par des animaux. Tantôt elle conduit au milieu des rochers fufpendus fur le rivage; tantôt dans d'étroits défilés enclos de vignes entre des murailles de pierres fèches.

Cette ville s'augmenta, en 1085, de la deftruction de l'ancienne Cannes, qui étoit vers l'Oueft. Elle eft la réfidence de l'Archevêque latin de Nazareth, depuis l'an 1191. Il eft fans fuffragant; mais, quoique Archevêque *in partibus*, il étend fa jurifdiction fur deux anciens Diocèfes, & a le droit de faire porter devant lui la Croix par-tout où il va.

TRANI (2), *Archevéché*, au Sud-Eft de Barletta, fur le bord de la mer, eft affez bien bâtie en pierre. Il y a un ancien Château, bâti par l'Empereur Frédéric II. Les maifons en font affez belles. Sa Cathédrale eft fa feule Paroiffe; elle eft bâtie fur le côté du port, & d'un fort mauvais goût. Les colonnes de la nef font des blocs folides de granit, monumens détachés de quelques anciens édifices. Philippe, Prince de Morée, deuxième fils de Charles I, y

---

(1) Les trois autres étoient *Fabriano*, dans la Marche; *Prato*, en Tofcane, & *Crema*, en Lombardie.
(2) Turenum.

repofe dans un tombeau de marbre , fans autre ornement qu'une Croix.de Jérufalem. Il y a de plus dix à douze Maifons religieufes.

C'eft à Trani qu'eft le fiège de la Juftice pour toute la Province , & c'eft le lieu de la réfidence du Magiftrat du pays.

BARI, *Capitale* (1), *Archevéché* , au Sud-Eft de Trani , eft fituée au bord de la mer, fur une péninfule couverte de rochers, d'une forme triangulaire, & d'environ un mille de circonférence. Elle eft affez jolie & affez peuplée. Ses maifons font d'une grandeur médiocre & fans aucun ornement d'architecture : la plupart font élevées fur les ruines de quelques anciens édifices, à trente pieds au-deffus du niveau de la mer. Sa Cathédrale eft fa feule Paroiffe : elle n'a aucune beauté extérieure ; mais fon intérieur a été rebâti dans le goût moderne, orné de ftuc. Le clocher, qui eft un des plus hauts du royaume, a deux cens foixante-trois pieds Anglois de hauteur, c'eft-à-dire, un peu moins que cette hauteur du pied-de-roi François. Il y a de plus douze Couvens d'hommes & cinq de filles, avec trois

____

(1) Barium.

Hôpitaux. Le nouveau rempart fur le havre eſt la ſeule promenade agréable ; mais il y en a peu qui le ſoient autant par la variété des points de vue.

Le Château eſt ſpacieux & fort ſombre, il eſt habité par le Gouverneur & par une petite garniſon. Le Prieuré de S. Nicolas eſt un vieux édifice gothique. On prétend que les Reliques de ce Saint s'y rendirent d'elles-mêmes, quoiqu'il paroiſſe plus probable qu'elles y furent apportées de Lycie en 1087. Les ordres religieux abondent à Bari, & quelques-uns d'eux ont des Couvens d'une richeſſe affectée, & quelques tableaux des grands Maîtres de l'Italie.

Cette ville prétend être la ſeconde du Royaume de Naples. Sous les Empereurs Grecs, Bari étoit la réſidence du Gouverneur de la Pouille & de la Calabre. Elle paſſa enſuite aux Princes de Tarente. En 1465, Ferdinand I d'Aragon la prit, ainſi que le Duché de Bari, & la donna au Duc de Milan, François Sforce. En 1517, ces poſſeſſions appartenoient à la Princeſſe Bonne, lorſqu'elle épouſa le Roi de Pologne Sigiſmond. Après la mort de ce Prince, elle vint s'établir à Bari, & y légua, par ſon teſtament, Bari & Roſſano à Philippe II, Roi d'Eſpagne, qui la réunit à ſes autres Etats de l'Italie.

BITONTO (1), *Evêché*, au Sud-Oueſt de Bari, & ſur la route d'Otrante. Elle ne laiſſe pas d'être conſidérable. Outre ſa Cathédrale, elle a quinze Paroiſſes, neuf Couvens d'hommes & deux de filles.

Cette ville eſt célèbre par une bataille que les Eſpagnols gagnèrent dans ſes environs ſur les Impériaux, en

---

(1) Bituntum.

1734. Ils avoient à leur tête le Général Monte-Maior, qui, en récompenfe, reçut le titre de Duc de Bitonto.

GRAVINA, *Evêché*, vers le Sud-Oueft de Bitonto, & près de la Bafilicate. C'eft une fort petite ville, où l'on trouve cependant une Cathédrale, une Collégiale, cinq Couvens d'hommes & trois de filles.

§. III.

De la Terre d'Otrante, ou d'Otranto, appelée auffi Capo di Lecce.

I.

Ce pays forme une prefqu'Ifle, qui paroît être une plaine unie, mais qui, cependant, va fort en s'élevant vers le Sud, de manière qu'à Tarente & à Brindifi, le rivage eft affez bas, & le terrein au niveau de la mer, au lieu que plus on avance au Sud, plus on s'élève. Du Cap de Leuca, on voit la mer fort baffe au-deffous de foi. Cette prefqu'Ifle a environ trente lieues de long, & onze de large de Tarente à Brindifi.

I I.

On peut divifer cette prefqu'Ifle en deux côtes, l'une orientale & l'autre occidentale. C'eft à l'extrémité méridionale que fe trouve le Cap de Leuca ou Luca, dont il paroît que le nom vient du Grec, & signifie marbre, & ici pierre blanche.

Sans rivière, presque sans ruisseaux, c'est assurément par quelques qualités extraordinaires du sol, & par les vapeurs de quelques lacs souterreins, que cette province est singuliérement fertilisée & propre à la végétation. En effet, les puits y sont peu profonds ; & dans tous les endroits où le terrein est bas, il se trouve un petit étang. Toute la pluie qui tombe est recueillie dans des creux de rocher, que l'on appelle *voraggini*, ou abîmes, & que l'on marque, mais à tort sur les Cartes, comme autant de lacs. Cependant, on y recueille des olives, des figues, & même du vin. Il s'y fait un assez grand commerce de laines ; mais le pays est incommodé d'animaux nuisibles : habituellement ce sont les tarentules, & quelquefois des sauterelles, qui, se répandant par nuées, dévorent tout ce qui se trouve en grains, sur les terres où elles passent.

I I I.

Les principales villes de la Terre d'Otrante sont, à distance à-peu-près égale des deux côtes :

FRANCAVILLA, ville grande & réguliérement bâtie; les rues en font larges & droites, & les maifons, quoique d'un genre d'architecture affez lourd, ne laiffent pas d'avoir quelque apparence; mais depuis le tremblement de terre de 1734, on n'ofe pas leur donner plus d'un étage. La principale Eglife eft neuve, gaie, & bien éclairée; mais elle eft fi ornée de ftuc en feftons, en fleurs, que fes décorations font un vrai chaos. On remarque comme une fingularité, ou comme une preuve d'ignorance dans l'Architecte, qu'il en a ouvert la grande porte à la tête de la Croix latine, place ordinaire du chœur & du maître-autel. La population eft d'environ douze mille ames. Le principal commerce eft en huile, en coton & en tabac, affez femblable à celui d'Efpagne. Les Capucins ont un Couvent fpacieux, & une nouvelle Eglife agréablement & capricieufement décorée. Le pupître & les confeffionnaux font de bois en marqueterie. Le Collège, dirigé par les Frères des Ecoles pies, eft un grand édifice avec beaucoup de belles falles & galeries. La maifon du Prince de Francavilla, qui réfidoit ordinairement à Naples, & qui eft mort depuis peu, eft un Château quatrangulaire, entouré d'un foffé fec; les appartemens font fpacieux, mais négligés.

Voici comment on raconte l'origine de Francavilla. En 1310, Philippe d'Anjou, Prince de Tarente, chaſſant dans les forêts qui couvroient alors la face du pays, pourſuivit un cerf juſques dans une grotte, où l'on découvrit une image ou tableau de la Vierge : ce tableau ſe voit encore dans la principale Egliſe. On l'enleva de la grotte, & on le fit tranſporter dans une Chapelle. Pour encourager les peuples à s'y raſſembler & à s'y établir, Philippe accorda, à ceux qui prendroient ce parti, des terres exemptes, pour dix ans, de toute eſpèce de taxe. Pour gages de la ſincérité de ſes intentions, il nomma la nouvelle Colonie *Villa franca*, ou ville libre, & lui donna pour armes une olive, ſymbole de paix & de fertilité.

Je ne croirai pas m'écarter beaucoup de mon objet, en rapportant ici la réception que M. H. Swinburne, Gentilhomme Anglois, éprouva dans cette ville, où il avoit été annoncé par des Lettres du *Prince*. Ce petit détail donnera une idée des mœurs de ces parties reculées de l'Italie.

« Je dois compter, dit ce voyageur, le jour de mon
» entrée dans Francavilla, comme un des plus brillans
» de ma vie ; car je reçus des honneurs capables de
» faire tourner la tête d'un ſimple Gentilhomme An-
» glois. Dès que je fus habillé, Don Dominique, maître
» d'hôtel de la Princeſſe, qui avoit d'abord rempli l'office
» de ſon valet-de-chambre, & qui étoit fait à merveilles
» pour le rôle de Maître des Cérémonies, me fit
» demander audience. Il fut admis dans ſon habit de
» fête, habit de différentes couleurs & d'un goût fort
» antique : il m'exprima d'abord ſon chagrin de ne rece-
» voir qu'un *nobile Signore*, au lieu de deux que ſon
» maître lui avoit annoncés (1). Lorſque je lui expli-
» quai la raiſon de l'abſence de mon ami, il ſe répandit
» en complimens de condoléance, & me promit que le
» Chapelain du Prince offriroit des vœux au Ciel pour
» ſon prompt rétabliſſement. A peine eut-il fini, que le

____

(1) Le compagnon de M. Swinburne s'étoit trouvé indiſpoſé en route.

» Recteur du Collège, le père Gardien des Capucins,
» & les Magistrats entrèrent en grande cérémonie. Le
» Recteur m'adressa un compliment court & poli, mais
» qu'il prononça avec quelque embarras. Mon intro-
» ducteur des Ambassadeurs m'avertit alors à l'oreille
» que le Recteur avoit composé une harangue fort élo-
» quente pour deux illustres voyageurs, mais qu'à mon
» arrivée, il s'étoit trouvé obligé de la laisser, parce
» qu'il avoit eu trop peu de temps pour mettre au sin-
» gulier les brillantes figures de rhétorique qu'il avoit
» d'abord mises au plurier. Je fus amplement dédom-
» magé de ce que je perdis à ce discours, par celui du
» P. Capucin, qui, avec un ton nasard & de fréquentes
» salutations, m'attribua sérieusement toutes les vertus
» possibles, employant à chaque mot des métaphores si
» singulières, que son auditoire en étoit stupéfaite d'ad-
» miration, & que je courus plusieurs fois le risque de
» lui rire au nez. Il apprit à l'assemblée que je voyageois
» dans les pays étrangers pour recueillir l'huile propre
» à nourrir les lampes de la Science dans ma Patrie ;
» que mon esprit en étoit la mèche, & mon éloquence
» la flamme. Je fus assez heureux enfin pour congédier
» les Orateurs ; & j'allois les accompagner jusqu'à la
» porte, lorsque mon mentor m'arrêta tout court, pour
» ne pas laisser compromettre ma dignité. Je fus ensuite
» conduit à la Chapelle, où les musiciens de la ville
» déployèrent leur savoir ; un nuage d'encens obscurcit
» ce lieu pendant tout le service »........

« Après une promenade, on me donna un repas somp-
» tueux. Mais comme le cuisinier, qui n'avoit jamais
» été fort habile, je crois, & qui, depuis vingt ans,
» étoit retiré de son service avec moitié de ses gages,
» se crut obligé, dans cette occasion, de déployer tous
» les secrets de son art, il me fit des ragoûts dont à
» peine il étoit possible de goûter. Il eût fallu être devin
» pour donner au juste le nom d'un de ces mets. Je ne
» pus engager Don Dominique, ni aucun de la com-
» pagnie, à partager la fête : de sorte que, semblable
» à Sancho, à Barataria, je me vis encore environné
» de tous mes Officiers, Docteurs, Maître d'hôtel,
» Chapelain, Musiciens, &c. Ma position cependant,

» différoit de la fienne en un point effentiel ; c'eft que
» le Médecin, au lieu de faire difparoitre les plats avant
» que je les euffe touchés, me preffoit avec inftance de
» manger de tous. Mais je remarquai que lui-même n'ofoit
» hafarder de leur donner un nom ».

« Après ce long & ennuyeux repas, on me laiffa
» repofer, comme c'eft la coutume en Italie. Le foir,
» je fus régalé d'une repréfentation de la Tragédie de
» Judith & d'Holopherne, fur un Théâtre appartenant
» au Château. Elle fut jouée par les jeunes gens de la
» ville. La rudeffe de leurs accens, leurs geftes forcés,
» & leurs étranges fautes de Langue firent, de ce drame
» horrible, une farce complette. A la fin de la pièce,
» la partie fupérieure du corps d'Holopherne étoit cachée
» dans les couliffes, & les membres inférieurs paroif-
» foient au bord de la fcène fur un lit de repos. Dans
» l'agonie de la mort, l'acteur parut tomber dans de
» cruelles convulfions ; il fit des contorfions fi affreufes,
» trépigna fi rapidement des pieds, que l'ame des fpec-
» tateurs étoit comme fufpendue d'admiration & d'atten-
» driffement. Mais quand l'héroïne eut tué le Général,
» toute la falle retentit des éclats bruyans d'un applau-
» diffement unanime. Judith parut enfuite, & débita
» un long monologue, tenant fon épée d'une main, &
» de l'autre une tête de bois dégouttante de fang. Les
» applaudiffemens furent au comble, & jamais Princeffe
» de théâtre n'a été accueillie ni renvoyée avec des
» *bravo* plus bruyans ni plus fincères (1) ».

ORIA (2), *Evéché, Marquifat.* Cette
ville eft fituée d'une manière vraiment
romanefque, fur trois collines, au centre
de la plaine : la Cathédrale & le Château
font bâtis hardiment fur les plus hautes

---

(1) Traduction de Mlle. de Kéralio, chez Th. Barois.
T. I, p. 187.
(2) Uria.

pointes.

pointes. Cette Place eſt fort ancienne. Du reſte, elle eſt peu de choſe à préſent.

Depuis la mort de Michel Imperiali, Prince de Francavilla, qui ne laiſſoit pas d'héritier, cette ville, la précédente & quelques autres, ont été réunies à la Couronne. Je remarquerai à cette occaſion, qu'aucun héritier collatéral, au-delà du troiſième degré, ne peut hériter d'aucun fief dans le Royaume de Naples.

CASTEL-NUOVO, vers le Sud-Eſt, eſt une ville conſidérable, d'environ quatre mille habitans. Elle n'a aucun bâtiment remarquable, excepté le manoir ſeigneurial, qui eſt au centre. On doit remarquer, comme une ſingularité, le goût des habitans pour la chair de chien. Ce goût eſt auſſi connu à Lecce : on en apprête auſſi la peau comme le cuir de Turquie. A Bari & à Francavilla, le petit peuple mange du cheval, que l'on reconnoît à la boucherie par les crins de la queue. On appelle, en les raillant, cette viande *caprio ferato*, du cerf ferré.

BRINDISI (1), *Archevêché.* Cette ville avoit autrefois un Port qui eſt devenu impraticable. Il y a tout près un Fort qui eſt dans une Iſle ; & en tout cette ville eſt peu conſidérable. Il y a, outre ſa Cathédrale, une autre Paroiſſe, & quelques Maiſons religieuſes, avec un Collège.

---

(1) Brunduſium.

LECCE (1), *Evéché*, *Capitale*, vers le Sud - Est de Brindisi, & sur la route d'Otrante.

C'est, après Naples, la plus belle ville du Royaume. Elle est la résidence du *Préside*, ou Baillif, & du Tribunal supérieur de la Province : il y demeure beaucoup de noblesse. Sa Cathédrale en est la seule Paroisse ; mais il y a dix - huit Couvens d'hommes & dix de filles. Des familles Grecques y forment une Paroisse particulière. La population y est d'environ trente mille ames, nombre peu proportionné avec l'étendue de la ville. On y aime beaucoup la musique, & l'on y en fait qui a un caractère intéressant de sensibilité.

OTRANTE (2), *Archevéché*, *Port*. Cette ville est aujourd'hui peu considérable : elle est située sur une colline, & contient trois mille habitans. Son petit Port n'est pas des plus mauvais, & il peut inviter beaucoup de gens à s'y établir, parce qu'il n'y en a aucun, sur cette côte, d'aussi favorable au commerce de la Grèce. Cette ville a des murailles & un Château. Il y a une seule Paroisse, qui est la Cathédrale , pour les Latins , & trois pour les Grecs. On y voit

____

(1) Lupiæ. (Le nom moderne se prononce *Letlché*.)
(2) Hydruntum.

trois Couvens d'hommes. La Cathédrale est d'un goût gothique, avec un fanctuaire fouterrein. Les colonnes font de très-beau marbre & de granit. Le pavé eft d'une efpèce de mofaïque très-grofsière.

En 1480, Otrante fut prife par les Turcs, qui la ravagèrent. Ferdinand I, Roi de Naples, la reprit fur eux. Mais ni lui ni fes fuccefseurs ne lui ont pas rendu fon ancien état.

C'eft à l'extrémité de la prefqu'Ifle que fe trouve le Cap de Leuca (1), ou de Luca. En remontant le long du rivage que baigne le golfe de Tarente, on trouve :

GALLIPOLI (2), *Evêché*, *Port*, & à l'Eft d'Otrante. Elle eft dans une petite Ifle, pleine de rochers, & ne communique avec la terre ferme que par un pont, près duquel coule une fontaine d'eau très-pure. Cette ville eft fortifiée, & a un *Caricatore* (3). Sa Cathédrale en eft la feule Paroiffe. Il y a cinq Couvens de filles. Sa population n'excède pas le nombre de fix mille habitans. Ils font paifibles, enjoués, & en général affez bien inftruits. Les bâtimens font affez bien, & quelques-unes des Eglifes ont d'affez bons tableaux.

---

(1) Promontoire Iapygien.
(2) Callipolis.
(3) Par *Caricatore*, les Italiens entendent, fi l'on peut

Ce n'eſt que depuis 1513 que l'on y ſuit le Rit latin; juſqu'alors on y avoit conſervé le Rit grec. On remarque que dans cette ville la conſomption & les crachemens de ſang ſont aſſez fréquens; M. Swinburne en attribue la cauſe à l'inſalubrité de l'air. Le commerce du coton, de l'huile, eſt tout le ſoutien de Gallipoli. On y fabrique des bas, des mouſſelines: le tout ſe vend preſque habituellement à des étrangers. Près de Gallipoli l'agriculture eſt aſſez floriſſante.

NARDO (1), *Evéché*, au Nord-Eſt, à neuf milles de Gallipoli. Il y a, outre ſa Cathédrale, ſept Couvens d'hommes & un de filles. Son Evêque relève immédiatement du Pape. Cette ville contient environ huit mille habitans. Le clocher de la Cathédrale eſt bâti d'un ſtyle d'architecture gothique aſſez extraordinaire & fort pompeux. Il y a dedans quelques bons tableaux du Jordan & du Solimène.

TARENTE (2), *Port, Archevéché*, au Nord-Oueſt de Nardo, & dans le fond, Nord-Eſt du golfe auquel elle a donné ſon nom. Pour avoir une juſte idée de ſa poſition, il faut ſavoir que, comme Cadix,

---

s'exprimer ainſi, *une manière de Port*, c'eſt-à-dire, un endroit où les bateaux chargent le bled & le tranſportent à bord des vaiſſeaux, qui, étant en rade, ne peuvent approcher de terre.

(1) Neretum.

(2) Tarentum.

elle eſt dans une preſqu'Iſle communiquant au Sud avec la terre ferme, par une iſthme aſſez peu large : par le Nord, elle joint la terre ferme par un pont de ſept arches. La portion de mer compriſe à l'Eſt entre le pont, la Preſqu'iſle & le Continent, ſe nomme petit Port, ou plus ordinairement en Italie, *Mare Piccolo*. La portion qui eſt à l'Oueſt, & compriſe entre les terres du Nord & celles du Sud qui s'avancent juſqu'au Cap S. Vita, forme le grand Port, ou la *Mare grande*. Cette ville actuelle occupe, près du pont, l'emplacement de l'ancienne. De tous les Temples, des Gymnaſes, des Théâtres, enfin, de tant de monumens de gloire & d'opulence, il ne reſte pas même une ſeule colonne qui puiſſe déſigner le lieu où exiſtoit l'ancienne ville. Les rues de Tarente ſont ſinguliérement étroites & ſales, ſurtout la Marina, bâtie le long de la *Mare Piccolo*. C'eſt, dit un voyageur moderne, la plus dégoûtante habitation humaine qui exiſte en Europe, ſi ce n'eſt, peut-être, le quartier des Juifs à Rome. La ſeule rue ſupportable eſt une terraſſe qui règne le long des hauts rochers ſuſpendus ſur la *Mare grande*, & qui ferme tout accès dans ce quartier. La Cathédrale, dédiée à S. Cataldus, eſt un édifice de mauvais genre. On a fait, dans son intérieur, un usage mal-adroit de quelques colonnes de granit, restes de quelques anciens Temples. La place voisine du Port est le seul endroit découvert de quelque étendue. Il y a plusieurs Couvens d'hommes & de femmes à Tarente.

Le peuple de Tarente est très-pauvre. Une partie s'adonne à la pêche; & cette mer produit des coquillages de différentes sortes, entre autres le *murex* & la *purpurine*, qui fournissoient aux Anciens leur belle teinture en pourpre; le *papyraceus nautilus*, qui, comme on sait, se promène dans sa coquille avec des voiles & des rames : on y trouve aussi d'excellentes huitres; la *pinne marine*, qui donne un duvet soyeux, dont on fait des gants, des bas, &c. Il faut joindre à ces espèces beaucoup de poissons à écailles. « Le peuple de Tarente, dit » le voyageur cité plus haut, dépend de la pêcherie » pour sa subsistance. Il paie des droits considérables à » la Couronne, & des rentes à des particuliers, pour » le droit de pêche ». Et tous ces droits, auxquels il faut ajouter les droits que paie tout poisson pour être porté & revendu hors de la ville, nuisent au commerce, & tiennent le peuple dans une extrême pauvreté. L'autre portion des Tarentins, qui ne fait pas la pêche, est occupée dans quelques manufactures de coton ; mais ils gagnent à peine de quoi vivre.

En général, les terres labourables produisent du froment, de l'avoine, de l'orge & du coton en abondance. La méthode ordinaire est de partager les grains entre le propriétaire de la terre & le fermier qui la cultive. Mais l'étendue des terres incultes est immense ; & les paysans n'y font jamais rien pour l'amélioration de leurs pâturages & de leurs prairies : on n'y sème jamais de bonnes herbes, on n'en arrache jamais de mauvaises.

Le miel y est encore délicieux, & pourroit être, comme autrefois, comparé à celui du Mont-Hymette.

Le commerce s'y réduit à quelques vaisseaux chargés tous les ans d'huile & de coton. Voici ce qu'en dit un voyageur moderne exact & judicieux.

« Les habitans de Tarente négligent la culture de
» leurs champs, & tournent presque toute leur atten-
» tion vers la pêche, profession sujette à très-peu d'in-
» convéniens, qui demande moins de travaux qu'une
» autre, & qui offre de plus grands succès. Leurs terres
» sont cultivées, leurs bleds sont recueillis par les ha-
» bitans de la Calabre. Leurs pâturages sont couverts
» des troupeaux & des bergers de l'Abruzze, tandis
» que ces modernes citoyens semblent vouloir imiter
» les manières agréables & indolentes de leurs ancêtres :
» c'est le *molle Tarentinum*, dont parlent les Anciens.
» Ils sont toujours passionnément épris des amusemens
» & fort ardens pour le plaisir : leur abord est affable
» aux étrangers. Ils grasseyent en prononçant, & leur
» langage est plus doux que celui des autres provinces.
» Les femmes enceintes y passent ordinairement le
» temps de leur grossesse sans douleur, & leurs couches
» n'ont rien de pénible. Il est impossible de citer la mort
» d'aucune femme causée par son seul accouchement ».

C'est de cette ville qu'une espèce d'araignée assez commune dans le pays, & dont la morsure porte dans le sang un venin dont on ne peut se guérir que par beaucoup d'agitation, a pris son nom de Tarentule. On croyoit autrefois qu'il falloit jouer des airs de violon auprès du malade, & en essayer plusieurs, jusqu'à ce que le Musicien eût rencontré celui qui pouvoit agir sur ses organes. Cet air une fois trouvé, on le continuoit avec force, & le malade, transporté, sautoit jusqu'à perdre haleine, & se purgeoit, par les secrétions qu'occasionnoit ce violent exercice, des effets du venin morbifique de l'animal. Ce remède peut avoir été essayé avec succès, mais il n'est plus en usage, & même il est très-rare que l'on soit piqué de la Tarentule.

Les Ducs de la Trimouille ou Trémouille, en France, portent le titre de Princes de Tarente, à cause des prétentions qu'ils ont sur le Royaume de Naples, du chef d'Anne de Laval, l'une de leurs aïeules, & petite-fille de Frédéric, Roi de Naples & de Sicile, dépouillé de

ſes Etats en 1501 par Louis XII & Ferdinand le Catholique ; le Miniſtère de France, en 1648, trouva bon
que le Duc de la Trémouille envoyât au Congrès de
Munſter pour y ſoutenir ſes droits.

ARTICLE IV.

DE LA CALABRE.

ON comprend ſous ce nom la partie
la plus méridionale de l'Italie, à partir de
la terre de Bari, juſqu'au détroit de Sicile.
Cette étendue ſe diviſe en trois petites provinces : la *Baſilicate*, la *Calabre citérieure*,
& la *Calabre ultérieure*.

C'eſt avec douleur que je traduis ici le paſſage ſuivant, d'un voyageur Anglois très-eſtimable, & qui, lui-
même, n'aura décrit le triſte ſort des payſans Calabrois,
que dans l'eſpérance que leur ſituation, plus connue de
ceux qui peuvent y remédier, en deviendra peut-être
meilleure : c'eſt au moins le vœu bien ſincère que je
forme ici. Il ne manque ſouvent aux Puiſſances, pour
faire le bien, que d'être inſtruites du mal qui exiſte, &
des moyens dont ils peuvent le réparer.

« Je fus reçus à Roſeto , qui eſt une pauvre Iſle , dit
M. Swinburne, par un bon prêtre...... qui s'étendit avec
beaucoup de bon ſens ſur les mœurs & les uſages de
ſon pays. J'appris de lui que la population décroît tous
les jours, du moins dans l'étendue du pays qu'il con-
noiſſoit. Cet inconvénient vient de différentes cauſes
tenant à l'adminiſtration générale du Royaume....... Il
attribua, mais je crois ſans en avoir de raiſons ſuffi-
ſantes, les progrès de la dépopulation à l'uſage où ſont
les Calabrois de ne jamais ſe marier hors des limites de
leur pays ; ce qui perpétue, diſoit le vieillard, les défauts

& les désordres parmi eux, & qui, faute de mêler les races, font fuivis de ftérilité; d'où vient enfin l'extinction des familles.... La dot d'une fille dépend, comme par-tout, de la fortune de fes parens; mais en général elle eft peu confidérable : ce n'eft quelquefois qu'un feul arbre fruitier, entre lefquels le mûrier tient le premier rang pour l'honneur & le profit »....

« Il s'en faut de beaucoup que les Seigneurs fe regardent comme les protecteurs & les pères communs de leurs vaffaux; ils ne cherchent au contraire qu'à empiéter tellement fur les communes & les terres cultivées, pour étendre leurs droits de chaffe, que les payfans n'ont plus ni l'efpace, ni le temps de faire croître la quantité de grains néceffaire pour leur nourriture. Ils fe jettent dans les ordres mendians & d'autres ordres Religieux, où le froc leur procure au moins la fubfiftance. Le père de famille, qui ne peut embraffer ce parti, qui fe voit preffé pour le paiement des terres, prêt à fuccomber fous le fardeau de la mifère & de la faim, *va-alla montagna*, c'eft-à-dire, qu'il fuit dans les bois, fe joint à fes compagnons de mifère, commence par faire la contrebande, & devient par degrés un banni, un voleur, enfin un affaffin ».

« Cependant, les chofes ne font pas dans une fituation fi défefpérée, qu'il ne fût très-poffible d'élever ces malheureufes provinces à un degré fuffifant de richeffe & de population. Mais voici les moyens que propofe le voyageur Anglois, & il fuppofe une réforme bien confidérable. « Il faudroit, dit-il, que le Gouvernement fût plus attentif au bien général, qu'à fes intérêts particuliers; que les Magiftrats fupérieurs fuffent plus juftes & plus honnêtes dans l'adminiftration de la juftice, & que leurs fubalternes fuffent moins avides; il faudroit que les taxes fuffent plus égales, plus fagement impofées & exigées, recueillies avec moins de rigueur & de brutalité; que le payfan furchargé trouvât un refuge le jour de l'oppreffion; alors ces pays fertiles par euxmêmes fortiroient de l'état de défolation où ils font actuellement. On verroit encore des villes riches & floriffantes s'élever fur ces rivages déferts. Les femmes y font douées d'une fécondité étonnante, fur-tout d'une facilité incroyable à mettre leurs enfans au jour. Il arrive souvent que, surprise dans les bois par les premières douleurs, une femme met son enfant au monde, l'enveloppe dans son tablier, &, après quelques momens de repos, le reporte dans sa cabane. C'est un proverbe du pays, qu'une servante Calabroise aime mieux accoucher que de faire une lescive (1) ».

« Les Calabrois sont superstitieux & fort opiniâtres dans leurs superstitions. Par exemple, ils croient fermement qu'un enfant, dont la mère a toujours été fidelle à son mari, doit nécessairement ressembler à son père. Heureusement il n'est pas difficile de persuader à un paysan, qui examine rarement ses traits au miroir, que son fils est son portrait en miniature ; mais s'il étoit persuadé du contraire, jamais il ne le pardonneroit à sa femme, & ne regarderoit son fils que comme devant le jour à une naissance illégitime ».

« Il est fort rare que les enfans n'y soient pas nourris par leurs mères ; il arrive souvent qu'on le reproche à ceux qui n'ont pas eu cet avantage.... Ils s'attendent à voir toute personne qui raille des défauts d'autrui, affligés des mêmes défauts, en punition de cette espèce de péché. On avoit essayé d'introduire l'inoculation à Reggio ; mais un premier succès peu heureux & la superstition ont exposé au dernier mépris ceux qui vouloient la propager ».

« Lorsqu'un homme ou une femme meurent dans les champs d'une mort violente ou accidentelle, les Calabrois croient que son esprit revient dans le même lieu, vêtu de blanc, & que le seul moyen de le faire disparoître, est d'envoyer des jeunes garçons, qui, s'approchant en silence, jettent, d'une certaine distance, assez de pierres pour en couvrir l'endroit où ils apperçoivent l'esprit ; alors, voyant sa place prise, il n'y revient plus. On raconte à ce sujet qu'un pauvre Dominicain fut sur le point d'être la malheureuse victime de cette ignorante & ridicule opinion. Il étoit occupé à lever un plan d'une certaine portion de pays, près

---

(1) Una serva Calabrese piu ama far un figlio che un bucato.

de Tropea (1). Il fut pris pour l'ombre d'une vieille
femme morte auparavant. Auffi-tôt tous les enfans fe
raffemblèrent & lui lancèrent des pierres d'autant plus
fortement, que lui-même connoiffant la caufe de leur
erreur, cherchoit à les approcher, pour s'en faire entendre & parvenir à les diffuader.

La chaffe eft expreffément défendue dans tout le
Royaume de Naples; mais une des chofes qui vexent
le plus les pauvres payfans Calabrois, c'eft la récolte
de la manne.

On trouve dans les vallées beaucoup d'ormes ou de
frênes à fleurs & à petites feuilles, qui croiffent fpon-
tanément fans autre culture que le foin des gardes-
forêts, qui coupent toutes les tiges un peu plus groffes
que la jambe. Vers la fin de Juillet, ceux qui recueillent
la manne font une incifion horifontale vers la partie
fupérieure, dans le tronc de l'arbre; comme la liqueur
n'eft jamais liquide le premier jour, ils font une autre
entaille le lendemain, & alors le garde fixe la queue
d'une feuille d'érable dans la coupure fupérieure, &
l'autre extrémité dans la partie inférieure, & en fait
ainfi une efpèce de coupe qui reçoit & retient la gomme
qui s'écoule des deux bleffures. Mon vieil hôte me dit
que les vipères & les martres étoient très-paffionnés
pour la manne. Il avoit fréquemment vu les petits
quadrupèdes autour de l'arbre, mais jamais le reptile »...

« La tyrannie qu'éprouvent les payfans à l'égard de
cette production naturelle de leurs déferts, peut être
mife au rang de leurs innombrables fardeaux... Toute la
manne appartient au Roi, qui l'afferme. Chaque feuda-
taire fournit un certain nombre de fes vaffaux, & reçoit
cinq carlins (2) par homme. Pendant la récolte, qui
dure un mois, il n'eft permis à aucun de ces ouvriers
de s'abfenter un feul jour, ni d'entreprendre aucun autre
ouvrage, de quelque efpèce que ce foit, quelque in-
difpenfable qu'il puiffe être pour la confervation de fa
propre & chétive récolte. Leurs gages médiocres font

---

(1) Au Sud du Golfe de Sainte Eufenie.
(2) Le carlin peut être eftimé 8 f. 4 den.

une pauvre compensation pour ce service involontaire! Leurs maîtres avares ne leur donnent que trois carlins par rotolo de manne, & cette quantité, qui contient trente-trois onces & un tiers, est vendue vingt-six carlins & trois quarts par rotolo : si elle est en tube, le prix hausse d'un tiers. Les paysans sont punis avec une extrême sévérité, s'ils sont surpris en brûlant, détruisant ou faisant le moindre dommage à ces arbres qui leur causent tant de vexations, & ils sont envoyés en prison, si l'on trouve dans leurs maisons la plus petite quantité de ce jus. Ils peuvent, il est vrai, en manger autant qu'il leur plaît dans les bois, & beaucoup, parmi eux, prennent cette médecine une fois l'année ».

......« Réellement, dans tout le Royaume, la situation des paysans est déplorable; toutes choses sont taxées, & la manière de recueillir les impôts est cruelle & pernicieuse. Tous les animaux en vie sont taxés en Calabre : on paie six carlins pour un bœuf, quatre grains pour une brebis; il n'est donc pas étonnant que les propriétaires des bestiaux soient dans l'indigence, que les habitans des cabanes n'entretiennent pas une bête de bétail, & qu'ils se nourrissent d'alimens accidentels & mal-sains, au lieu de lait, de fromage & d'autres choses salubres, que la richesse du pays leur offriroit en abondance.

.....« Rien n'encourage le laboureur à faire des opérations vigoureuses, ni à essayer aucune amélioration dans l'art même de l'agriculture. Quelques efforts qu'il puisse faire, il ne peut espérer aucun adoucissement à sa situation ; & peut-être une triste expérience lui fait-elle craindre précisément qu'un accroissement d'activité & une augmentation de profit ne contribue à le faire taxer d'un nouveau poids de taxes & d'oppression ».

J'ignore si, à l'occasion de la catastrophe physique qu'a éprouvée la Calabre, le Gouvernement n'aura pas cherché le moyen d'adoucir le sort de ces malheureux habitans. Je parlerai des effets du tremblement de terre de 1782 à la fin de cet article.

§. I.

De la Basilicate.

I.

Ce pays a environ vingt-quatre lieues du Nord au Sud, dans sa plus grande dimension, & vingt-cinq de l'Ouest à l'Est; mais il n'a pas, à beaucoup près, par-tout cette étendue.

I I.

La Basilicate est bornée au Nord en partie par la Capitanate, & en partie par la terre de Bari; à l'Est, par la terre d'Otrante & le golfe de Tarente; au Sud, par la Calabre citérieure; à l'Ouest, par les Principautés ultérieures & citérieures.

Le pays est montagneux, sur-tout dans sa partie occidentale, & dans sa partie méridionale.

Ses principaux fleuves sont :

Le *Bradano* (1), qui coule de l'Ouest à l'Est.

L'*Agri* (2), plus au Sud, & coulant dans le même sens.

____

(1) Bradanus.
(2) Aciris.

Le *Sino* (1), au midi des précédens.

Ces trois fleuves se rendent dans le golfe de Corinthe.

En tout, ce pays n'est pas très-fertile : ce que l'on en retire suffit à peine à la subsistance des habitans.

I I I.

Les principales villes de la Basilicate, en commençant par le Nord, sont :

Venosa (2), *Evéché*, au-delà des montagnes, & au Sud de l'Ofanto. Elle a titre de Principauté ; c'est une des plus considérables villes du royaume de Naples, après les trois premières, & dans laquelle il se trouve, outre sa Cathédrale, six Paroisses, cinq Couvens d'hommes & deux de filles. L'Ordre de Malte y a une Commanderie.

Acerenza (3), ou Cerenza, *Archevéché*, au Sud de Venofa, dont elle est séparée par une chaîne de montagnes. Elle est dans une situation magnifique ; sa Cathédrale est dédiée à l'Assomption : il y a de plus deux Couvens. Elle appartient,

----

(1) Le Siris.
(2) Venufia.
(3) Acheruntia.

avec titre de Duché, à la Maison de Caraccioli.

POTENZA (1), *Evéché*, presque au Sud de Cirenza, entre des montagnes. Elle a une Cathédrale, deux Paroisses, cinq Couvens d'hommes & un de filles.

Cette ville souffrit beaucoup d'un tremblement de terre en 1694. Quoique j'indique ici que son ancien nom soit *Potentia*, elle n'est pas précisément sur l'emplacement de cette ancienne ville, mais à peu de distance.

MATERA, *Archevéché*, à l'Est d'Acerenza ; c'est une fort petite ville, que quelques Auteurs comprennent dans la terre d'Otrante. Outre sa Cathédrale, il y a quatre Couvens d'hommes & deux de filles. Le Président de la Basilicate y réside.

§. I I.

De la Calabre citérieure.

I.

Le pays appelé Calabre comprend toute la Presqu'isle qui termine la partie la plus méridionale de l'Italie. Elle se divise en deux.

La Calabre citérieure a, au Nord, la

____

(1) Potentia.

Bafilicate, & au Sud la Calabre citérieure ;
à l'Oueft, c'eft le golfe de Policaftro ; à
l'Eft, celui de Tarente. Elle a trente lieues
dans fa plus grande étendue du Nord-Oueft
au Sud-Eft, & vingt dans fa plus grande
largeur.

I I.

Ce pays eft fort montagneux, puifqu'il
eft, en quelque forte, formé par une
chaîne de montagnes, qui s'étend du
Nord-Oueft au Sud-Oueft.

Ses principales rivières font :

Le *Cofcile* (1), qui, coulant du Nord-
Oueft au Sud-Eft, fe rend dans le golfe
de Tarente, au Nord-Oueft de Roffano.

Le *Crati* (2), qui, coulant du Sud au
Nord, a fon embouchure près de celle du
fleuve précédent. C'eft une belle rivière
large & rapide.

Le *Trònto* (3). Cette rivière commence
à l'Oueft, circule par le Sud-Eft, puis le
Nord-Eft, & fe rend dans la mer, auprès
du Cap de fon nom. Elle n'eft pas navi-
gable, ainfi que quelques Auteurs l'ont
écrit.

------

(1) Le Cofcile.
(2) Le Crathis.
(3) Traois.

Ce pays, ainſi que le ſuivant, abonde en excellentes productions, comme bled, vin, huile, lin, chanvre, ſucre, riz, ſafran, miel, coton & ſoie ; la manne que l'on y recueille eſt fort eſtimée. On y trouve de plus des mines d'or, d'argent, de mercure & de fer, du ſoufre, de l'albâtre & du cryſtal de roche.

Voici le portrait que faiſoit M. Swinburne d'une partie des campagnes de la Calabre citérieure, ſi cruellement ravagée, depuis quelques années, par des tremblemens de terre continuels. « La plaine me paroiſſoit ſi agréable, » que je ne puis eſpérer de la peindre avec les cou- » leurs qui lui conviendroient. De tous côtés les fruits » & les fleurs s'élevoient en bouquets rafraîchis par » le vent du matin. On voyoit les têtes rondes des » orangers dorées par le ſoleil qui ſe levoit alors, » & dont les rayons embelliſſoient la ſurface de la mer. » Tout le payſage étoit égayé par des troupes d'hommes » & de femmes qui chantoient en deſcendant de la » colline, pour ſe rendre aux travaux de la campagne. » Tout eſt, dans ce beau lieu, porté à la plus haute » perfection où la nature puiſſe atteindre ſans le ſecours » de l'art. Mais l'agriculture y eſt languiſſante, & l'in- » telligence fort ſuperficielle. Dans tout ce qui a rap- » port au jardinage, ces deux arts manquent d'émula- » tion & d'induſtrie ».

I I I.

Ses principales villes, en commençant par le Nord, ſont :

ALTO-MONTE, ou Alteſte-Monte, petit lieu, dans les environs duquel il y a des mines d'argent.

ROSSANO (1), *Archevêché*, à l'Est, près du bord de la mer, dans une très-belle situation. Outre sa Cathédrale, il y a quatorze Paroisses, sept Couvens d'hommes & deux de filles. Ce n'est que vers la fin du quinzième siècle qu'elle a embrassé le Rit latin, & c'étoit le plus célèbre des établissemens des Moines Basiliens dans la grande Grèce.

BISIGNANO (2), *Evéché*, au Sud-Ouest de Rossano, sur le Crati. Il y a un ancien Château. Son Evêque dépend immédiatement du S. Siège. Outre sa Cathédrale, il y a quatorze Paroisses & cinq Couvens d'hommes.

LONGO-BUCO, au Sud de Rossano, est un fort petit lieu, avec titre de Comté.

PAULA, au Sud-Ouest de Longo-Buco, & près de la mer. Cette ville est un lieu célèbre par la naissance de Saint François, fondateur des Minimes, & remarquable par le concours de gens que la dévotion y attire. Ses maisons & ses Eglises sont assez bien bâties. La Maison Spinelli, à laquelle elle appartient, y a un Château, espèce de forteresse antique qui commande la ville.

---

(1) Roscianum.
(2) Besidiæ.

COZENZA (1), *Capitale, Archevêché*, vers le Sud-Est, sur le Crati, entre des montagnes. Elle ne laisse pas d'être peuplée, & renferme beaucoup de noblesse. La Cathédrale est la seule Paroisse de la ville, mais il y en a trois dans les fauxbourgs. Elle a de plus douze Couvens d'hommes & quatre de filles (2). C'est-là qu'est établie l'Audience provinciale, ou le Tribunal de la Province.

CERENZA (3), *Evêché*, à l'Est de Cozenza, sur un rocher. Son Evêché a été uni à celui d'une autre petite ville (Cariati). Il n'y a qu'une Paroisse & deux Couvens.

STRONGOLO ou Strongoli, à l'Est. Cette ville est sur un terrein très-élevé, qui fait partie de la chaîne de montagnes de la Calabre. Elle a quatre Paroisses, & titre de Principauté.

---

(1) Confentia.
(2) Quelques Auteurs disent cinq.
(3) Geruntia.

§. III.

De la Calabre ultérieure.

I.

Cette partie eſt la plus méridionale de toute l'Italie : elle a au Nord la Calabre ultérieure , & , de tout autre côté, eſt reſſerrée par la mer.

Elle a trente lieues dans ſa plus grande longueur, du Nord au Sud , & dix environ, dans ſa largeur moyenne, de l'Oueſt à l'Eſt.

I I.

L'intérieur de ce pays eſt occupé par une chaîne de montagnes , qui le partage en deux côtés.

Je n'ai rien changé à cette deſcription de la Calabre ; au contraire, je l'ai aug-mentée , d'après les récits de quelques voyageurs, afin que l'on pût connoître quel pays c'étoit avant le tremblement de terre, qui commença le 5 Février 1782. Mais à la fin de cet article , je parle des effets de ce tremblement.

Le *Neto* (1) borne ſa partie ſepten-trionale du côté de l'Eſt.

____

(1) Naethus.

Ses productions font les mêmes que celles de la Calabre citérieure. C'est-à-dire, qu'en général le sol y est ingrat & sur-tout mal cultivé. Il en faut excepter les environs de Reggio. Voici ce qu'en écrivoit un voyageur, qui a porté dans ces contrées un excellent esprit d'observation. L'Auteur, placé sur l'ancien promontoire *Leucopetra*, à présent Cap Vaticano, ou, comme le nomme M. Danville, Cap Pitari. « Le sol de ce promontoire, dit-il,
» est clair & la pierre blanche, d'où lui
» vient son nom ancien. L'aspect de la
» contrée est sauvage & dénué d'arbres,
» mais couvert de lentisques, bois commun
» de chauffage dans la Province. La face
» des rochers est divisée par bandes de
» cailloux, inclinées vers l'horizon ; la
» route est excellente pour les chevaux, le
» paysage enchanteur (1). Le voyageur
» a devant les yeux le superbe Fare de
» Messine & les fertiles plaines de Reggio,
» qui contrastent avec une chaîne hardie
» de montagnes qui s'étendent au Nord-
» Est. En descendant vers l'Ouest, une
» scène charmante s'offroit aux regards.
» J'apperçus un jardin délicieux ombragé

______

(1) Ceci étoit écrit avant le désastre de la Calabre.

» de bosquets & d'avenues de peupliers
» & de mûriers, divisés par des buissons
» de grenadiers, qui renferment les vigno-
» bles & les vergers d'oranges, de citrons,
» & de différentes espèces de fruits. Les
» végétaux de toutes sortes croissent en
» abondance à l'ombre de ces plantations
» odoriférentes ; mais le chanvre est princi-
» palement cultivé comme le plus lucratif,
» quoique ses émanations passent pour dan-
» gereuses. De larges courans répandus
» dans les plaines portent avec eux la vie
» & la force des plantes. De chaque côté
» de la route on trouve des maisons élevées
» pour l'éducation des vers à soie. Les
» fenêtres sont fort longues, & n'ont pas
» six pouces de large. Ce peu d'étendue
» empêche l'air d'entrer en trop grande
» quantité, & d'étouffer ces insectes déli-
» cats ».

I I I.

Ses principales villes , en commençant
au Nord-Est , sont :

SANTA SEVERINA (1), *Archevêché.*
Cette ville, bâtie sur une éminence , est
fort petite ; on y trouve cependant, outre

----

(1) Siberina.

sa Cathédrale, deux Paroisses & deux Couvens.

COTRONE (1), *Evêché*, au Sud-Est de Santa Severina, sur le bord de la mer. Elle est à-peu-près dans le même état que les précédentes, & renferme une Cathédrale, cinq Paroisses & deux Couvens, l'un d'hommes & l'autre de filles.

Cette ville a succédé à la ville Grecque appelée Crotone; mais elle n'embrasse pas la même étendue. L'Esaro, qui passoit au centre de l'ancienne ville, coule aujourd'hui sur un lit bas & pierreux, à une grande distance, au Nord, d'une des portes. Sous le règne actuel on a fait des travaux immenses pour construire un port à Cotrone. Ce port peut contenir un nombre considérable de vaisseaux marchands, mais de la grandeur d'une polacre. L'entrée en est éclairée par deux fanaux.

Cotrone est fortifiée de simples murailles & d'un Château élevé par Charles V. Ses bâtimens intérieurs sont pauvres & sordides, les rues vilaines & étroites. Il y a très-peu de mouvement dans cette ville, peu d'affaires de commerce; le fromage & le bled sont les principales marchandises; les magasins de bleds sont placés dans les greniers publics, dans les fauxbourgs. Le fromage y est passable, mais il a un goût ardent & âcre. Le vin n'est pas désagréable, & paroît susceptible d'amélioration, s'il étoit fait & gardé avec plus de soin.

N. B. C'est à peu de distance du Promontoire *delle Colone* (autrefois Promontoire Lacinien), que se trouvent les Isles Ortygies, entre lesquelles les Anciens placent celle de Calypso. J'ai parlé de cette opinion dans ma *Géographie ancienne de l'Italie*. J'ajouterai ici ce qu'en dit M. Swinburne, qui l'a visitée. « Certes, la chose est pro-

____

(1) Croton.

» digieufement changée depuis la mort d'Ulyffe, ou bien
» la Déeffe faifoit un miracle journalier, en fe procurant
» une nourriture abondante, fans laquelle le Héros nau-
» fragé feroit mort de faim. A préfent ce rocher four-
» niroit à peine la nourriture d'une brebis ; & quelques
» bouquets de lentifques & autres arbriffeaux fauvages
» font aujourd'hui la feule image de ces fuperbes arbres
» que le Roi d'Ithaque abattit pour conftruire fon vaif-
» feau ».

CATANZARO, *Capitale*, *Evêché*, au Sud-Oueft, fur une éminence entre les montagnes. Elle eft le fiège de la Préfidence, ou du premier Tribunal de la Province. Outre fa Cathédrale, elle a neuf Couvens d'hommes & quatre de filles. Il y a un Collège. Cette ville renferme environ douze mille habitans, qui vivent de l'exercice du Baffan, du commerce des bleds, de la foie & de l'huile. L'eau y eft d'un goût très - défagréable, & dépofe beaucoup de fédimens terreux. Le vin y eft très-dur. Le Collège, autrefois poffédé par les Jéfuites, eft un très-beau bâtiment.

SQUILLACE (1), *Evêché*, vers le Sud-Oueft, fur le penchant d'une montagne. Elle a titre de Marquifat, & appartient à la Maifon de Gregori (2). Cette ville eft peu confidérable. Outre fa Cathédrale, elle

____

(1) Scylacium.
(2) Et non pas au Prince de Monaco, ainfi qu'on le trouve dans plufieurs Ouvrages de *Géographie moderne*.

a dix Paroisses, quatre Couvens d'hommes & deux de filles.

Cette ville est célèbre par la naissance de Cassiodore en 468 ou 469, Ministre de Théodoric, Roi des Goths. Ce grand homme se retira, & finit ses jours en 565, ou, selon quelques Auteurs, en 575, dans un monastère qu'il avoit fondé aux environs de Squillace, & dans lequel, selon la coutume de ce temps, il prit l'habit de Religieux.

NICASTRO, *Evêché*, au Nord-Ouest de Squillace, vers les frontières de la Calabre citérieure. Cette ville est fort petite. Elle a une Cathédrale, trois Paroisses & un Couvent de filles. Il y a tout auprès des bains d'eau thermale.

On trouve dans les environs quelques villages habités par des Grecs, qui suivent leur Rit.

TROPEA (1), *Evêché*, vers le Sud-Ouest, près du bord de la mer, sur une montagne d'où la vue s'étend au loin. Elle est d'ailleurs peu considérable. Il y a, outre la Cathédrale, quatre Paroisses, huit Couvens d'hommes & trois de filles.

NICOTERA (2), *Evêché*, vers le Sud-Est de Tropea. Elle est aussi sur une montagne & près de la mer. La Cathédrale est

____

(1) Tropæa.
(2) Nicotera.

sa seule Paroisse; mais il y a six Couvens d'hommes.

Cette ville, qui a titre de Comté, a été fort endommagée par un grand tremblement de terre de l'année 1638.

GIERACE (1), *Evêché*, au Suŝt-Est de Nicotera, est pauvrement bâtie sur une colline rocailleuse. La route est montueuse & difficile. Elle a titre de Principauté, dont une branche de la Maison de Grimaldi porte le titre. Elle contient, outre sa Cathédrale, douze Paroisses & quatre Couvens. On y trouve des bains. Elle appartient aux Grimaldi de Gênes, avec le titre de Principauté (2).

BOVA, au Sud, *Evêché*, placée au haut d'une montagne, est éloignée des routes de commerce, & même des lieux de passage. Elle ne peut se vànter ni de sa richesse, ni de sa bonne agriculture. Beaucoup d'habitans, Grecs d'origine, y conservent le Rit de leur Eglise, non pas cependant qu'ils descendent des anciens habitans de la grande Grèce, mais d'une colonie d'Albanois ou Epirotes, qui vinrent en ce pays au temps de Scanderberg. On

(1) Locri.
(2) C'est apparemment la cause de l'erreur qui l'a fait attribuer aussi aux Princes de Monaco.

en compte à-peu près cent mille diftribués
de côté & d'autres dans les villages.

Le Rit Grec n'eft fuivi que dans la feule Province
de Cozenza, le miniftère & les Evêques ayant, par
degrés, engagé ou forcé les autres Albanois à fe conformer à la difcipline & à la liturgie Romaine. Ils en
étoient venus à un excès d'ignorance inconcevable.
Cependant, il y a quelque temps que, par les foins de
M. Rodata, Bibliothécaire du Vatican, on y a fondé
& bâti un Collège Italien & Grec. Cet homme eftima-
ble, nommé Archevêque *in partibus*, eft mort il y a
quelques années, avant les révolutions phyfiques du pays.

Ces Albanois font tranquilles, induftrieux, & leurs
femmes font remarquables par la régularité de leur con-
duite. Ils confervent, pour leur habillement, les ufages
d'Illyrie, d'où font defcendus leurs ancêtres. Les plus
belles filles font en général mariées dans le Clergé;
&, devenues groffes, elles font très - orgueilleufes de
leurs maris, parce que la prêtrife eft chez eux la plus
haute nobleffe. Après la mort d'un Eccléfiaftique, fa
veuve ne contracte jamais un fecond engagement, parce
qu'il n'y a qu'une vierge qui puiffe afpirer à la main
d'un prêtre, & qu'aucun homme n'eft digne de prétendre à fa veuve.

REGIO (1), *Archevêché.* Cette ville
eft fur le détroit de Sicile, où elle a une
rade qui fert de Port : elle eft fur une colline ; fes rues font étroites, & fes maifons
ont peu d'apparence. Outre la Cathédrale,
elle a une Collégiale, dix Paroiffes, fix
Couvens d'hommes, un de filles & deux
Collèges. Mais elle ne peut fe vanter ni

____

(1) Regium.

de ſes bâtimens, ni de ſes fortifications.
La Cathédrale eſt le ſeul édifice frappant;
mais elle n'offre rien de curieux aux Architectes. La Citadelle, d'après le ſyſtême
moderne, n'eſt rien moins que formidable.

Regio diſpute à Cantazaro l'honneur d'être la Capitale
de la Calabre ultérieure.

On y travaille très-bien la production de la Pinne
marine, eſpèce de moule un peu grande. C'eſt une
ſorte de ſoie dont on ſe ſert à faire des gants, & quelquefois des bas; mais on a trop exagéré le mérite &
les ouvrages de cette manufacture. Les environs de Regio
ſont charmans. Chaque cabane du fauxbourg eſt om-
bragée d'un berceau de vignes, qui produiſent du vin
d'aſſez bonne qualité. Les orangers & les fruits réuſſiſſent
très - bien dans ces plaines. Les olives de Regio ſont
larges & groſſes. Il y avoit, au temps des Sarraſins,
beaucoup de palmiers. Les Chrétiens les ont détruits,
comme rappelant trop l'idée muſulmaniſme. Les figues
y ſont d'une très-grande ſaveur. On y avoit découvert
une mine d'argent, mais ſon exploitation n'a pas eu
grand ſuccès.

L'eſpèce d'homme vagabonde, que l'on connoît ſous
le nom de Bohémiens, & qui s'eſt montré dans preſque toutes les contrées de l'Europe, ſe retrouve encore
en Calabre. Voici ce que les recherches de M. Swinburne ont pu lui en apprendre.

« Les Bohémiens qui habitent en Calabre ne con-
» tractent aucune alliance avec les autres claſſes d'habi-
» tans; mais ils ſe marient entre eux. Il n'eſt pas poſſible
» dé dire où ils réſident, parce qu'ils n'ont pas d'habi-
» tations fixes; qu'ils ne poſſèdent, par conſéquent,
» ni terres ni maiſons. Par-tout où ils croient pouvoir
» faire quelque ſéjour, ils y dreſſent des tentes, ils ſou-
» tiennent leur vie par le profit de quelques petits mé-
» tiers, mais plus encore par l'échange de leurs ânes
» & de leurs chevaux : le plus petit avantage les déter-
» mine à ces ſortes de marchés : on en a vu troquer

» leur âne contre un autre pour un verre de vin. Ils
» travaillent tous le fer, & font des trépieds, des ai-
» guilles à bas, des poinçons & d'autres bagatelles. Leurs
» habits font fort dégoûtans ; ils fe rafent le menton ;
» mais ils portent de fort longs cheveux, où le peigne
» ne paffe prefque jamais. Quant à leur efpèce de Reli-
» gion, c'eft un fecret qu'ils renferment en eux-mêmes.
» Ils ne paroiffent pas avoir une grande vénération
» pour la Vierge Marie ; mais on fuppofe qu'ils croient
» en Jéfus-Chrift. Il me femble même qu'il eft abfurde
» d'attribuer une Religion quelconque à une troupe
» d'hommes dont le caractère eft fi dépravé, qu'il eft
» démontré qu'ils ne croient à rien de ce qui pourroit
» mettre un frein à leurs paffions. On les regarde gé-
» néralement comme des voleurs, des fourbes, des
» gens fans foi, fans honte, & abandonnés aux plus
» grands défordres. L'anecdote fuivante prouve combien
» ils font dénués de tout fentiment de pudeur ou de
» crainte. Une de leurs bandes s'étoit réunie à la foire
» de Marfico-Nuovo, dans l'intention d'y piller les bou-
» tiques ; & dans ce deffein, un certain nombre d'entre
» eux étoient difperfés dans la foule. Mais les marchands
» étoient fur leurs gardes. Il falloit les diftraire par
» quelque objet capable de fixer fortement ailleurs leur
» attention. Ils imaginèrent un expédient digne de cette
» vile canaille. Quelques-unes de leurs femmes, avec
» autant d'hommes, s'avancèrent dans un champ, & s'y
» permirent les indécences les plus révoltantes ; on s'en
» apperçut, toutes les attentions fe portèrent de ce
» côté ; enfin, on y courut en foule. Pendant ce temps
» les marchandifes devinrent la proie de ceux qui étoient
» reftés à la foire, en attendant l'inftant favorable à
» l'exécution de leur projet.... Ils difent la bonne aven-
» ture, font des tours, &c. En 1560, ils furent bannis
» du royaume comme voleurs, larrons, efpions des
» Turcs. En 1569 & 1585, l'ordre fut renouvelé ; mais
» il ne fut pas mis en vigueur, & il a eu très-peu
» d'effet. Ils ont deux jargons, l'un Calabrois, & l'autre,
» qui paroît oriental, n'eft qu'à eux. On demandoit à
» l'un des plus intelligens d'entre eux pourquoi ils
» menoient ainfi une vie errante : il répondit qu'ils ne
» pouvoient demeurer deux jours dans un même lieu

» fans être couverts de vermine. Leur exceffive mal-
» propreté en eft caufe. Ils dorment comme des chiens,
» dans un chemin, ne tenant pas plus de place que s'ils
» étoient morts ou enterrés ». La Calabre étoit telle
que je viens de la décrire.

Idée de la révolution phyfique qu'a éprouvée la Calabre.

Quoique les fecouffes qui ont défolé la Calabre aient à-peu-près duré depuis le 5 Février 1782 jufqu'au mois d'Août, on peut cependant les divifer en trois époques différentes, relativement aux lieux où elles fe font fait fentir, ainfi qu'aux effets qui en font réfultés.

La première comprend la fecouffe du 5 au 7 de Février.

La feconde commença à une heure après-midi, & comprend tous les jours fuivans, jufqu'au 28 Mars.

La troifième comprend toutes les commotions qui fuivirent la feconde époque, jufqu'à la fin de l'année.

Les fecouffes terribles qui renverfèrent la partie de la Calabre, qui eft plaine, furent au nombre de foixante-quatre dans l'efpace de vingt-quatre heures : elles commencèrent à midi & demi environ. La première fecouffe fut fi violente, qu'en deux minutes tout le pays fut bouleverfé, & que vingt mille habitans furent enveloppés dans ses ruines. Je n'entrerai pas dans les détails de cette description douloureuse : elle n'est pas de mon objet, & a été donnée par M. le Commandeur Dolémieu (1), après avoir donné une légère idée du premier moment. Le premier sentiment, dit-il, de ceux qui n'avoient pas été écrasés, fut la joie d'être encore en vie ; le second, la désolation d'être victimes d'un événement si désastreux.

Les secousses les plus violentes eurent lieu dans le territoire d'Oppido & de S. Christophe. M. Dolémieu observe que la chaîne de montagnes de la Calabre souffroit moins en ce moment que la plaine ; & voici la raison qu'il en donne. La plaine de la Calabre est d'un terrein argillo-sablonneux, sans consistance, & offroit alors, en beaucoup d'endroits, de très-grandes cavités : l'effet des violentes secousses qu'il éprouvoit, fut d'augmenter sa densité, & d'en diminuer le volume. On sait que ce déplacement du sol à la surface devoit entraîner un bouleversement général. Delà vient que de grandes parties de

____

(1) Il paroît qu'il a donné ce morceau en François ; je n'en ai que la traduction Italienne, sous le titre : *Memoria del commendatore Deodato de Dolemieu sopra i tremuti della Calabria : nell' anno 1782.* PRIMA TRADUZIONE DEL FRANCESE, *Roma.* 1784.

terres ont été déplacées avec les arbres, les vignes & les hommes qui y travailloient, sans qu'ils eussent reçu d'autre dommage qu'une grande commotion. On avoit débité dans le pays que l'on avoit vu de la fumée, des flammes, &c. Mais le Naturaliste que je cite a fait beaucoup de recherches, & n'a nulle part apperçu de trace de feu. Il en conclut que la grande poussière & l'effroi ont fait supposer ces feux, qui n'eurent cependant pas lieu.

Voici les noms des lieux qui éprouvèrent les effets de la première secousse.

ROSARNO, petit village situé sur une colline sablonneuse, à peu de distance du fleuve Métrame, fut tout-à-fait renversé. Le Château, l'Eglise & toutes les maisons n'offrent plus que des ruines. Il n'est resté sur pied que quelques petites cabanes & quelques pans de muraille.

Le fleuve Métramo suspendit un moment son cours près du pont de Rosarno : un instant après ses eaux coulèrent troubles & abondantes (1).

---

(1) Voici comment M. le Commandeur Dolémieu explique ces variations arrivées à l'égard des fleuves. « Le milieu de la plaine étant soulevé par les secousses, » les eaux, qui étoient au-dessous, couloient avec rapi- » dité ; mais les sources qui étoient dans les parties » soulevées restèrent, pendant quelques instans, comme

POLISTENA,

POLISTENA, village grand, riche & peuplé, situé sur deux côtes, entre lesquelles il y a un ruisseau. Il fut tellement renversé, ses maisons si parfaitement détruites, & les décombres mêlées si confusément, que ce fut en ce lieu que M. Dolémieu prit une idée juste de l'effet horrible de ces secousses. Il avoit cependant vu Messine & Rège. Mais au moins y voit-on quelques débris d'édifices & l'emplacement, au lieu qu'à Polistena on ne voit absolument qu'une suite de décombres.

S. GIORGIO, ou S. Georges, petit village éloigné de quatre à cinq milles de Polistena, n'éprouva presque rien. Ce que M. Dolémieu explique, en disant qu'il est bâti sur un rocher adhérent à la grande chaîne de l'Apennin, qui, dans cette secousse, offrit assez de résistance par son poids & sa *compacité*, pour ne pas éprouver les effets qui se faisoient sentir dans la plaine.

CINQUE FRONDI, village très-agréablement situé dans une belle plaine, à un mille de Polistena, fut tout-à-fait démoli.

» retenues par une digue. Lorsque l'effet eut cessé, elles
» reprirent leurs cours ordinaires, & même elles re-
» tombèrent en plus grande abondance.

Il exiſtoit dans ce village une tour très-conſidérable, bâtie par les Sarraſins, & propre à ſervir de fortereſſe ; ſes murailles étoient d'une épaiſſeur extrême : elle fut tout-à-fait renverſée, & les fondemens jetés hors de terre.

CASAL NUOVO, village très-bien bâti, depuis le tremblement de terre de 1638, ayant des rues larges & bien alignées, des maiſons aſſez baſſes, & des arbres auprès de chaque maiſon, a été totalement renverſé. La Princeſſe de Géracé, qui étoit Seigneur de ce lieu, périt par cette ſecouſſe, avec tous ceux qui étoient auprès d'elle.

Tout le terrein qui eſt autour de ce lieu s'eſt conſidérablement abaiſſé ; & tout ce qui eſt incliné offré des fiſſures larges de pluſieurs pieds, & longues de trois à quatre milles. Beaucoup de ces terreins ſupérieurs ſont deſcendus dans la plaine, & en ont recouvert d'autres qui étoient très éloignés.

TERRA NUOVA, petit village entouré de trois côtés de précipices aſſez profonds, étoit ainſi comme ſur une montagne. Mais ce terrein étoit à l'extrémité d'une plaine très-fertile, & la plaine ſe prolongeoit juſqu'au bas de la montagne. En conſéquence ce village jouiſſoit d'un bon air, d'une belle vue & d'excellentes eaux. Cette heureuſe poſition a contribué à rendre le bouleverſement plus conſidérable. Les terres inclinées

ont été jetées fort loin; la montagne s'est ouverte en deux, & les maisons qui étoient sur
la montagne sont tout-à-coup tombées dans
cet intérieur, de la hauteur de trois cens
pieds & plus. Une autre portion considérable de terre combla une vallée. Nulle
part la surface du terrein n'a éprouvé une
semblable révolution; car tout ce qui étoit
montagne est devenu vallée, & les vallées
sont devenues montagnes. Un fait, qui est
une suite de cette révolution, & qui n'en
est pas moins étonnant, c'est qu'un puits,
bien revêtu de pierres, dans le Couvent
des Capucins, débarrassé de la terre qui
enveloppoit ses parois, ressemble actuellement à une petite tour un peu inclinée,
haute de huit à neuf pieds. On comptoit,
avant cet événement, environ deux mille
âmes dans ce village : il en reste à présent
quatre cens. Il en périt d'abord quatorze
cens par l'effet de la secousse; deux autres
cens furent enlevés par des fièvres putrides
qui survinrent.

MOLOQUIELLO, village situé en face
de Terra nuova, & à la même hauteur,
sur une plate-forme longue d'un mille, &
large de deux cens pas, resserrée entre les
rivières de Soli & de Maro, qui coulent
dans de profonds vallons, fut aussi partagé
en deux par l'effet de la première secousse.

Une partie se précipita à droite, l'autre à gauche. Il ne resta de son emplacement qu'une langue de terre si aiguë, que l'on n'y pouvoit marcher.

RUDICINA, village très-joli, dans la plaine, peu loin d'un précipice, fut détruit, à l'exception d'une petite maison quarrée, qui est restée sur pied au centre du pays.

OPPIDO, ville épiscopale assez considérable, étoit située sur le haut d'une montagne isolée, au niveau, cependant, des plaines voisines, dont cette montagne peut avoir été détachée par les eaux. Elle est actuellement tout-à-fait détruite : il ne reste pas sur pied un pan de murailles. Une partie de terre, à l'extrémité de la côte (*del rialto*), avoit un Château fort avec quatre bastions : deux de ces bastions sont tombés dans la vallée (*nella gola*), & le reste est demeuré en place (1).

---

(1) Qui croiroit, dit M. de Dolémieu dans une note, que les habitans d'Oppido, après la destruction de leur ville & le bouleversement de tout leur territoire, sont encore demeurés assez attachés à ce local, pour demander au Gouvernement d'y être conservés. On a donné des ordres pour bâtir une ville nouvelle dans la plaine appelée *la Tuba*, à trois mille de distance. Les habitans se refusent à ce déplacement, qui leur paroît tyrannique, & ils veulent absolument que l'on bâtisse sur les ruines de leur ville. Le terrein, selon eux, est éprouvé ; les pierres pourront leur servir.

CASTELLARE, petit village éloigné de trois milles d'Oppido, étoit situé sur une roche, qui a été précipitée dans le fond de la vallée. Il n'en reste aucune trace.

COSSOLATTO, autre village, a éprouvé un sort semblable.

SAINTE - CHRISTINE, village situé au pied de la montagne appelée *Aspromonte*, a éprouvé le même sort que Terra nuova. Les maisons, avec une partie de la montagne, sont tombées dans les fonds, & il s'est formé un grand nombre de crevasses & de fissures à la partie qui est restée.

Comme c'est dans les territoires d'Oppido, de Terra nuova & de Sainte-Christine, que le tremblement de terre a causé le plus de ravages, & produit les effets les plus extraordinaires, on s'est cru fondé à regarder ce point de la Calabre comme le centre des secousses du 5 Février. Sans nier cette assertion, on observe que la cause du mouvement auroit pu être fort éloignée, quoique les effets fussent en ce lieu plus sensibles qu'ailleurs. On en trouve la cause dans la nature & la disposition du terrein.

S. EUFÉMIE & SINOPOLI, situés au bas de l'Aspromonte, sont également renversés.

BAGNARA, village considérable de la

côte, bâti fur un terrein incliné, a été totalement détruit. Les maifons fe précipitèrent les unes fur les autres : à peine on peut reconnoître où étoient les plus élevées.

Sominara, quoique détruit, n'a point été mis au niveau du fol, comme les villages précédens.

Palma, lieu bien peuplé & bien commerçant, n'eft plus qu'un monceau de ruines.

Sans s'étendre davantage fur les défaftres caufés par cette première fecouffe, M. de Dolémieu conclut qu'il en a dit affez pour faire voir qu'ils font un effet néceffaire d'une très-violente fecouffe fur un terrein fablonneux peu folide, & fouvent dégradé par les eaux. On voit, entre autre, qu'un efpace long de trente milles, & large de dix-huit, compris entre le fleuve Mérano, la terre & la mer, a été tellement renverfé, qu'il n'y a pas de lieu qui y foit reconnoiffable, ou du moins qui n'ait éprouvé les plus grands dommages.

Pendant que la plaine étoit ainfi ravagée, les lieux fitués fur l'Apennin, ayant une bafe plus folide, réfiftoient à la violence des fecouffes. Et s'il n'eût eu que la commotion du 5 Février, il n'eft pas douteux que cette partie de la Calabre eût échappé aux malheurs qui l'ont accablée depuis. Mais la ruine de ce pays étoit réfervée à une force plus confidérable.

Le 28 Mars, il y eut deux fecouffes épouvantables. La première dura vingt-huit minutes, la feconde trente, accompagnées d'un bruit fouterrein.

Le village de S. Georges, à quatre milles de Poliftena, quoique fitué fur la montagne, fut très-endommagé.

Les villages fitués fur la crête de la montagne, en face de Meffine, & même le village de Scilla, fouffrirent une deftruction totale.

Sur cette partie de montagnes, les fecouffes ne furent pas auffi violentes, ni fi répétées, les mouvemens ne furent ni fi prompts, ni fi irréguliers. De-là vient la différence dans les effets qu'ils produifirent.

REGGIO & les lieux circonvoifins reftèrent inhabitables, mais non pas démolis : encore ne fût-ce pas la première fecouffe qui y caufa le dommage.

Sur le revers de l'Apennin, vers l'orient, les fecouffes du 5 Février fe firent fentir avec une très-grande violence. Prefque tous les lieux habités y furent renverfés.

Les fecouffes qui fuivirent cette première, quoique vivement fenties dans la plaine, n'y cauſèrent cependant pas de grands ravages. Il n'y reſtoit rien qui pût être renverſé : le terrein s'y étoit conſolidé, & il avoit acquis une denſité, telle que les terres n'étoient plus ſuſceptibles de ſubverſions.

La ſecouſſe de la nuit du 5 Février ajouta aux maux que l'on avoit déjà éprouvés à Reggio & à Meſſine, par les ſecouſſes de la journée. Elle fut même très-fatale à un certain nombre d'habitans de la Sicile. Le Comte de Sinopoli, accompagné de tout ſon monde & d'un grand nombre d'habitans, étoient à cheval, ſur le bord de la mer, dans un terrein aſſez bas. Une portion de la montagne étant tombée tout-à-coup dans la mer, l'effet de cette chûte fut ſi conſidérable, que les eaux ſe portèrent avec tant de force ſur la rive où ſe trouvoit le Comte, qu'il fut emporté avec environ mille deux cens hommes.

La ſecouſſe du 7 Février, à une heure après-midi, fut très-violente. Le territoire de Soriano, & les villages dépendans des Dominicains, dont le Couvent étoit rebâti depuis 1659, ceux dépendans de la Chartreuſe de *Saint Stephano del Boſco*, qui avoient réſiſté à la première ſecouſſe, furent alors renverſés, auſſi-bien que Laureana, Galatro, Arene & autres lieux voisins. Mileto éprouva le même sort, avec ses environs à six ou neuf milles de circonférence.

Il est à remarquer que ce tremblement de terre du 7 Février fut principalement ressenti à Messine & à Soriano, lieux fort éloignés l'un de l'autre, & que la secousse fut moindre dans les lieux intermédiaires.

Mais le 28 Mars fut une époque fatale aux pays qui avoient résisté aux secousses précédentes. Dans la secousse du 7 Février il paroissoit que le centre de la commotion étoit avancé de dix-huit ou vingt milles vers le Nord. Il changea en Mars pour la troisième fois, & remonta encore au Nord de vingt - deux ou vingt - quatre milles, & alla jusqu'aux montagnes qui forment l'isthme servant à unir les deux Calabres, ayant d'un côté le golfe de S. Eufémie, de l'autre, celui de Squillacé.

Les secousses les plus considérables se firent sentir presque au centre de l'isthme, dans les Monts Girifalco. Dans ce moment il fit un effort plus considérable que les précédens, & frappa le corps entier de la montagne. La répercussion se fit sentir au loin. La Calabre citérieure en éprouva des effets : les autres provinces du royaume de Naples sentirent cette commotion.

Mais, quelles qu'aient été les suites de

cette terrible commotion du 28 Mars, elles ne furent pas aussi complétement désastreuses que celles du 5 Février. Les villes de Nicotéra, Tropéa, Montéléoné, Squillacé, Nicastro, Catanzaro, Sanséverino, Cotroné, souffrirent beaucoup; mais cependant peu d'édifices y furent renversés, & quelques-uns n'éprouvèrent aucun mal. Les habitans y sont même retournés depuis long-temps.

La différence entre les effets des secousses du 5 Février & du 28 Mars ne peut donc, conclut encore M. le Commandeur de Dolémieu, avoir d'autre cause que la nature des terreins. Dans la plaine, le terrein lui-même a cédé, aucun édifice n'y étoit bâti avec une grande solidité. Les secousses y étoient d'autant plus irrégulières, que le mouvement avoit à se communiquer à travers des terreins plus ou moins solides, qui, en conséquence, le communiquoient inégalement. Au contraire, dans les montagnes, quoique l'agitation fût considérable à la surface de la terre, elle n'étoit cependant pas aussi destructive. Les montagnes de granit, sur lesquelles étoient situés les villages & les villes, communiquoient leur mouvement d'une manière plus régulière; c'étoient, si l'on peut s'exprimer ainsi, de meilleurs

conducteurs. Le sol, après chaque oscillation, reprenoit sa position première, &
les édifices se retrouvoient dans leur à
plomb (1).

Ce tremblement de terre accrut le
désastre de Messine & de Reggio. Les
secousses continuèrent à se faire sentir en
Février & Mars 1784.

Après cet exposé, que j'ai fort abrégé
ici, M. de Dolémieu cherche quelle peut
avoir été la cause de cet horrible tremblement de terre. Après avoir exclu, 1°. l'élec-
tricité, comme ayant dû trouver, dans
les eaux qui entourent la Calabre, un con-
ducteur propre à débarrasser les terres de
l'excès de fluide électrique; 2°. les feux
souterreins qui eussent fait des explosions
& laissé de fortes traces, il conclut que
la cause de ces secousses avoit son origine
dans l'Etna. Pendant l'automne de 1782,
& l'hiver qui commença l'année 1783,
il tomba beaucoup de pluie. Ces eaux
pénétrant au fond de l'Etna, y auront
subi une grande dilatation. Ces vapeurs,
capables alors des plus grands efforts,

____

(1) C'est ainsi qu'un verre plein de liqueur peut
recevoir, sans en perdre une goutte, une très grande
oscillation, au lieu qu'une petite secousse le fait ren-
verser.

auroit pu trouver quelque issue pénétrant sous la Calabre. Leur force s'étant alors portée de ce côté, elles y auront causé le désordre dont on a parlé (1). Si donc, dit-il, on admet les feux de l'Etna pour cause première de ces ravages, on peut croire qu'il préparoit, depuis long-temps, le malheur de l'infortunée Calabre. Il paroît que dès l'année 1780, ce volcan travailloit à s'ouvrir un passage souterrein, dirigé vers ce côté. On éprouva à Messine, à Taormine, au Cap Faro, des secousses assez fortes. Il y a plus même ; c'est qu'au village d'Alli & à la rivière de Nisi, qui sont sur cette direction, les secousses furent assez considérables pour que l'on y craignît d'y voir ouvrir la bouche d'un volcan. Chaque secousse ressembloit à l'effort d'une mine qui cherche à s'ouvrir un passage. On peut donc croire que ce fut alors que les vapeurs produites par l'Etna se frayèrent une route sous la Calabre ; & quand les cavités souterreines ne purent plus suffire à leur expansion, alors on éprouva leurs efforts sur la partie des terres qu'elles soulevoient pour se placer.

______

(1) Ici l'ingénieux Physicien développe ses idées, & les rend très-admissibles ; mais il faut voir son raisonnement dans l'Ouvrage même.

SECTION DEUXIÈME.

DES ISLES.

LES Isles dont il me reste à parler, excepté celles de Malte & de Gozo, appartiennent au Roi de Naples. Je vais les placer ici successivement, dans l'ordre que les présente la Carte, en commençant par le Nord.

ARTICLE I.

DES PETITES ISLES DU ROYAUME DE NAPLES.

1°. *PONZA* (1), en face du golfe de Gaëte. Elle fournit beaucoup de sel. Il y a un Bourg avec un petit Fort.

Le Duc de Parme a possédé autrefois cette Isle. Le Roi d'Espagne actuel ayant hérité des biens de la Maison Farnèse, laissa au Roi de Naples tout ce qu'elle avoit possédé dans ce Royaume, à Rome, &c.

2°. *ISCHIA* (2), vers le Sud-Est, très-près du Continent, à la hauteur du golfe

____

(1) Pontia.
(2) Ænaria.

de Naples. Cette Isle est fort montueuse, & fertile en différentes sortes de productions. On y trouve des mines de fer, des bains d'eau chaude, & des grottes sudorifiques. Elle est entiérement volcanique. Elle produit de bonnes vignes, & renferme d'excellens gibiers. Son terrein a quelquefois exhalé des flammes.

ISCHIA, *Capitale*, *Evéché*. Cette petite ville, située sur un rocher fort élevé, est unie à l'Isle par un pont. Outre sa Cathédrale, elle renferme trois Paroisses & un Couvent de Religieuses.

3°. *PROCIDA* (1), à l'Est de la précédente, & entre elle & le Continent. Cette petite Isle, assez fertile, sur-tout en vins très - bons, est peuplée de faisans & de perdrix.

PROCIDA, *Capitale*, est au Sud, dans un lieu élevé. Il y a aussi un Bourg dans un autre endroit de l'Isle.

CAPRI (2), au Sud du golfe de Naples, est montueuse, & ses côtes ne sont accessibles que par quelques endroits. On y chasse beaucoup d'oiseaux, tels que les cailles, les tourterelles. M. Ferber dit qu'elle est remplie de pierre calcaire, à la différence de

---

(1) Prochyta.
(2) Caprées, ou Capræ.

Procida, qui eſt couverte de cendres volcaniques.

CAPRI, *Capitale*, eſt une fort petite ville
dans la partie orientale.

J'ai eu occaſion de voir un Anglois (1) (nommé
Cook, comme le fameux Amiral) , homme de beaucoup
de mérite & fort inſtruit, qui avoit habité dans cette
Iſle pendant pluſieurs mois, afin d'en connoître mieux les
habitans. La première fois qu'il y avoit paru en homme
qui voyage, & qui a un état aſſez conſidérable, il n'y
avoit pas été fort bien reçu. Les habitans lui avoient
paru farouches & ſauvages. Mais y étant retourné ſans
ſuite, avec un fuſil, de la poudre & du plomb, vêtu
auſſi légérement qu'eux, marchant nues jambes & nus
pieds, il les avoit ainſi apprivoiſés, & leur avoit
trouvé, ſous un dehors agreſte, toutes les vertus ſo-
ciales des premiers âges du monde. Jamais il n'avoit
eu beſoin de leurs ſervices qu'ils ne les lui euſſent ac-
cordés, & même ſouvent ils l'avoient prévenu.

LES ISLES DE LIPARI (2). Ces Iſles
ſont au Nord de la Sicile, & en ſont
aſſez près, vers le 39.ᵉ degré de longitude
& le 33ᵉ de latitude. Elles ſont au nombre de dix, qui ont chacune leur nom;
ſavoir, en allant de l'Eſt à l'Oueſt, *Strom-*

---

(1) C'étoit à Lille en Flandres. Je fis avec M. Cook &
M. ſon fils le voyage de S. Amand. J'ai bien regretté
de ne pouvoir profiter plus long-temps de ſes lumières,
& je regrette bien ſincérement de n'avoir aucune liaiſon
avec lui. Je ſais ſeulement qu'il demeure à Londres dans
la rue du Muſæum.

(2) Iſles d'Eole, ou Vulcaniennes.

boli (1), *Panaria* (2), *Baziluzzo* (3), *Lisca-bianca* (4), *Datolo*, *Lipari* (5), *Vulcano* (6), *les Salines* (7), *Felicuda* (8) & *Alicuda* (9). Ce qui n'est pas compris ici font quelques rochers à fleur d'eau, qui n'ont pas de dénomination particulière. La petite Isle de *Vulcanello*, ou petit Volcano, que l'on trouve indiquée fur la Carte de M. d'Anville, étoit autrefois féparée de Vulcano par un petit détroit, que des éruptions ont comblé vers l'an 1550. Elles paroiffent être formées par l'effet de quelque éruption d'un volcan, & jettent encore des flammes.

STROMBOLI eft au Sud-Eft, & la plus près de l'Italie. Elle renferme un cratère qui jette continuellement des feux très-apparens pendant la nuit. Il eft dans la partie du Nord-Oueft de l'Ifle, fur le flanc de la montagne. Ordinairement on apperçoit, de nuit, les pierres enflammées qu'il

---

(1) Strongyle.
(2) Hycefia.
(3) Baziluzza.
(4) Evenimos ou Phœnicufia.
(5) Lipara.
(6) Vulcania, Thermifa & Hiera.
(7) Dydyma.
(8) Phenicodes.
(9) Ericodes ou Ericufa.

lance,

lance, s'élever à plus de cent pieds de hauteur; une affez grande quantité, lorfque le temps eft calme, retombe dans le cratère d'où elles fe font élevées. Chaque explofion eft accompagnée d'une bouffée de flammes, qui dure quatre à cinq minutes, puis s'étend tout-à-coup. On entend auffi un bruit fourd, qui ne parvient à l'oreille que quelque temps après l'explofion.

Cette Ifle, terminée par deux fommets d'inégale hauteur, eft inabordable dans les trois quarts de fon contour; mais dans la partie du Nord & de l'Eft, la bafe de la montagne fe prolonge, forme une plaîne, & fe termine par une plage au bord de la mer : elle peut avoir douze milles de circonférence. Le côté de la plaine eft prefque tout couvert de vignes. Il s'en faut de beaucoup que le cratère qui jette des feux foit auffi élevé que le fommet de la plus haute des deux fommités qui fe voient de la mer. On remarque, au milieu de ces montagnes formées par des éruptions précédentes, une petite fontaine dont l'eau eft douce & bonne à boire (1).

Comme il y a plus d'un fiècle qu'il n'y a eu d'explofion du côté de la plaine, les habitans y vivent dans la plus grande fécurité, & cultivent la vigne & le coton, dont l'échange fuffit à leurs befoins. C'étoit furtout dans cette Ifle que les Anciens prétendoient qu'Eole confervoit les vents.

Panaria. Cette Ifle, fituée vers le Sud-

---

(1) M. le Commandeur de Dolémieu, qui a vifité cette Ifle, croit que cette eau s'élève dans le haut de la montagne par une évaporation que caufe continuellement le feu : c'eft la même opération qui, dans l'alembic, porte la vapeur au haut du chapiteau.

Oueft de la précédente, n'a guère que huit milles de tour. Elle eft formée, au Sud-Eft, par une montagne *femi-circulaire*: efcarpée intérieurement, cette montagne fe termine à la mer par une pente extérieure. Cette plaine eft cultivée, & c'eft-là que font les habitations de l'Ifle : il y a même une efpèce de port & de rade. Cette Ifle eft compofée de cendres, de fcories & de lave. On remarque que prefque toutes les laves ont du granit pour bafe. On compte dans cette Ifle environ trois cens habitans.

BAZILUZZA eft la plus grande des petites Ifles qui fe trouvent près de Panaria. Elle a deux milles de tour ; &, quoique point habitée, elle eft cultivée fur fa pente extérieure. C'eft une montagne volcanique, où l'on trouve les mêmes matières qu'à Panaria.

LISCA-BIANCA eft peu éloignée. C'eft une petite Ifle qui doit fon nom à la couleur blanche de fes laves, qui font granitiques : elle a un mille de circuit, & n'eft point cultivée. On y voit quelque veftige d'habitation ancienne.

DATOLO eft un rocher de laves, au pied duquel eft une fource d'eau bouillante.

N. B. M. le Commandeur de Dolémieu, après un examen très-attentif & des observations qu'il rapporte, pense que ces trois dernières Isles n'ont pas été, comme les autres, formées chacune par un volcan particulier; mais qu'elles ne formoient, avec l'Isle de Panaria, qu'une même Isle, dont elles ont été séparées par quelque grande révolution. Le volcan, qui devoit se trouver entre les unes & les autres, ne se laisse plus appercevoir.

LIPARI, au Sud-Ouest de Panaria, est la plus considérable de ces Isles, & a donné son nom à toutes les autres, lorsqu'on les prend collectivement : elle a dix-huit milles de contour. Cette Isle est fort irrégulière dans sa forme & sur sa surface, qui n'est presque qu'un assemblage de montagnes. Ravagée à différentes époques par des éruptions qui y ont ouvert des cratères de toutes parts, elle a été aussi déchirée par des torrens qui y ont formé des ravins profonds. Les plus grands escarpemens sont du côté de l'Ouest. De ces montagnes, les unes sont noires & ont l'aspect volcanique, les autres sont d'une blancheur éblouissante, semblable à celle de la craie (1). La montagne principale, qui n'est pas précisément au centre de

---

(1) M. le Commandeur de Dolémieu a cependant reconnu que ces montagnes n'étoient formées d'aucune matière calcaire, mais de pierre-ponce & d'une cendre blanche.

l'Ifle, appelée *Monte-Sant-Angelo*, & peut avoir un mille d'élévation : on y trouve la forme d'un cratère ; & elle paroît avoir été la première de l'Ifle, du fein de laquelle les autres font forties fucceffivement par un très-grand nombre d'éruptions.

Au Sud-Eft de la ville de Lipari, il y a une montagne féparée des autres par une vallée affez large : elle eft nommée montée *della Guardiar*, parce qu'il y a toujours une fentinelle fur le fommet, pour reconnoître les bâtimens barbarefques qui pourroient vouloir s'approcher des côtes.

Les étuves de Lipari font une des fingularités les plus remarquables de cette Ifle : elles font fituées à l'Oueft, dans la portion des efcarpemens qui regardent l'Ifle des Salines. Elles s'annoncent de loin par une forte odeur de foufre : elles font peu éloignées des bords de la mer, mais très-élevées au-deffus de fa furface. Tout le terrein fur lequel elles font placées eft pénétré par des vapeurs brûlantes, les unes fèches, les autres humides, & plufieurs laiffent, dans leur paffage entre les pierres, du fel ammoniac, du fel alumineux & du foufre, qui s'y attache par fublimation. Ces étuves confiftent en cinq excavations faites en forme de grottes de quatre à cinq pieds de haut fur autant de large : trois de ces cavités fe communiquent. On a été obligé d'abandonner deux de ces étuves, parce que la chaleur y eft trop forte : il fait même une chaleur prefque infupportable dans la plus chaude de celles dont on fait ufage, quoique le thermomètre n'y monte guère ordinairement qu'à 45 ou 46 degrés. On a ménagé au-deffus de chaque étuve un trou, pour donner iffue aux vapeurs.

Ces étuves font falutaires dans beaucoup de maladies ; mais comme elles ne tiennent pas au Continent, qu'il n'y a d'ailleurs aucune facilité pour s'y procurer les chofes les plus néceffaires à la vie, que les logemens y font déteftables & en petit nombre, elles ne font fréquentées que par quelques Calabrois & quelques Siciliens des côtes voisines.

A trois cens pieds à-peu-près au-dessous des étuves, il sort du corps de la montagne une source considérable d'eau presque bouillante, qui fait mouvoir trois moulins. Elle est très-chaude quand elle sort de la montagne; lorsqu'elle est refroidie, elle sert à la boisson des habitans de cette partie de l'Isle.

A un mille plus au Sud, & toujours sur la même côte, mais moins élevée, sont des bains formés par des eaux qui sortent du pied de la montagne. Elles sont reçues dans des bassins couverts, d'où on les fait passer dans les bains garnis de gradins pour s'y asseoir. Ces eaux sont presque bouillantes, & l'on est forcé de les laisser refroidir du jour au lendemain. Lorsqu'elles sont refroidies, elles servent à la boisson; mais elles sont pesantes à l'estomac. On a éprouvé que ces bains produisoient les meilleurs effets dans les maladies de la peau, les rhumatismes, &c.; mais ils ne sont guère plus fréquentés que les étuves, & par la même raison.

L'Isle de Lipari est l'immense magasin qui fournit les pierres-ponces à toute l'Europe: on y en a ouvert de très-vastes carrières, & l'Isle entière paroît avoir cette substance pour base. Mais nous n'en connoissons qu'une sorte, & il y en a trois autres sortes qui entrent dans la bâtisse. On croit que ce n'est que depuis les premiers siècles de notre Ere, qu'il ne se fait plus d'éruption dans l'Isle de Lipari. Les tremblemens de terre y sont assez fréquens, mais ils cessent ordinairement lorsque les éruptions de l'Isle de Vulcano ont lieu.

Au reste, cette Isle est très-fertile: elle produit surtout des fruits délicieux & en grande quantité. Et l'on croit que la raison qui fait que l'on y recueille peu de bled, c'est que le terrein qui y seroit propre est occupé par de la vigne. La plus grande partie du raisin que ces Isles produisent éprouve une préparation particulière, & se vend en raisin sec.

LIPARI, *Evéché*, *Capitale*, située sur un terrein bas, est la Capitale de toutes les Isles. Elle est petite, vilaine & mal bâtie. Elle est défendue par un Château, qui, sans être très-fort, suffit pour repousser les entreprises des barbaresques. Ce Château renfermoit autrefois tous les habitans de l'Isle ; mais la population étant augmentée, ils ont bâti la ville actuelle au pied du rocher qui soutient le Château. Il y a deux espèces de port aux deux côtés de la montagne, l'un & l'autre en face de la ville. La population de l'Isle est d'à-peu-près quatorze mille ames, dont les trois quarts habitent la ville ; les autres sont répandus dans la campagne.

Le caractère national des Liparites est très-marqué. Ils sont braves, actifs, affectionnés à leur pays, prompts, vindicatifs & superstitieux. Les filles y sont ordinairement mariées dès l'âge de douze ans ; elles sont très-fécondes. On dit que la meilleure troupe que le Roi de Naples ait à son service est le Corps des Liparites.

VULCANO. Cette Isle est au Sud de Lipari. Elle est inabordable dans les quatre cinquièmes de son contour. Elle est donc fort escarpée au-dessus des rochers qui l'entourent : elle présente une pente roide couverte d'arbrisseaux & de plantes odorantes. Tout y porte l'empreinte du feu, auquel elle doit sa formation. Sa forme est celle d'un cône tronqué, à base circulaire ; sa hauteur est de près d'un demi-mille.

Mais cette forme extérieure n'eſt, pour ainſi dire, que l'enceinte d'une autre montagne de même forme, qui eſt renfermée dans ſon intérieur : on y arrive par le Nord-Eſt ; c'eſt dans celle-ci qu'eſt actuellement la bouche du Volcan. Il paroît que l'intérieur de cette enceinte étoit originairement une plaine un peu plus élevée que le niveau de la mer, & ayant environ deux milles & demi de diamètre. L'Iſle, en tout, a douze milles environ de tour. Dans cette plaine étoit un cratère, dont les éruptions ſucceſſives ont fait élever la montagne cônique qui y eſt actuellement, & qui eſt enveloppée de trois côtés par l'ancienne. On peut y aborder par le Nord-Eſt, où ſon pied tombe à la mer, & en faire le tour en ſuivant la vallée circulaire qui ſe trouve entre la première montagne, formant, pour ainſi dire, les murailles de l'Iſle, & la montagne actuelle. Cette vallée a environ cent pas de large. Lorſque l'on frappe ce ſol avec un peu de force, on entend un bruit conſidérable & aſſez continu, qui indique que c'eſt une eſpèce de voûte creuſe deſſous, comme la Solfatare.

Le cratère de la montagne intérieure n'eſt pas exactement au centre du cône, mais plus vers le Sud. De-là juſqu'au Nord, il y a une eſpèce de plateau de ſoixante pas de large, où font beaucoup de détroits en forme d'entonnoir. Il en fort de toutes parts une fumée épaiffe, blanche, fulfureufe & fuffocante. Cette fumée paroit, pendant la nuit, une flamme très-lumineufe. En montant au plus haut de la montagne, on trouve un des plus beaux cratères qu'il foit poffible de voir. L'ouverture eft de forme à-peu-près ovale, & fa profondeur eft d'environ un mille, fon plus grand diamètre en a la moitié, & fon moindre quatre cens cinquante pas. Au fond eft une petite plaine de cinquante pas de diamètre, dans laquelle on ne peut defcendre, parce que les parois intérieures forment une pente très-roide. Cette vafte cavité, moins vafte, il eft vrai, que celle de l'Etna, a pardeffus cette dernière un avantage, c'eft qu'elle eft bien plus profonde & plus régulière. Au fond on apperçoit deux efpèces de petits lacs, qui paroiffent être de foufre en fufion. Tout cet intérieur eft blanc & tapiffé de foufre de différentes couleurs. Il n'y a aucune végétation fur cette montagne, ni dans la vallée. On apperçoit feulement quelques grands chênes & un bois, fur une des fommités de l'ancienne montagne.

Près de la plage par où l'on peut aborder, il y a une grotte où fe trouve une marre d'eau qui a un mouvement continuel d'ébullition, fans être chaude au degré de l'eau bouillante. Les parois de la grotte font revêtues d'un beau fel alumineux, foyeux, blanc & jaunâtre, qui a un pouce ou deux d'épaiffeur.

Les Anciens nous ont fait connoître deux éruptions de ce volcan. La troifième eut lieu l'an 144 de l'Ere Chrétienne. Il femble qu'il n'y en ait pas eu depuis ce temps, jufqu'en 1444, puis en 1550, en 1739, enfin en 1775. Ce volcan, actuellement, laiffe aller continuellement la fumée blanche le jour, mais brillante la nuit, dont j'ai parlé; &, quand elle ceffe, les habitans font perfuadés, par l'expérience, qu'il s'enfuit quelque tremblement de terre confidérable.

La montagne de *Vulcanello*, ou de Vulcano la petite, a eu des éruptions particulières. Dans la vie de Saint Calogero, on lit que les diables, regardés alors comme les auteurs des éruptions, furent chaffés, par ce Saint, de l'Ifle de Lipari, & qu'ils s'établirent dans l'Ifle de

Vulcanello ; mais comme ils étoient encore trop voisins de Lipari, à la prière des habitans, il voulut bien les repousser jusques dans l'Isle de Vulcano. Ce qui prouve peut-être que les feux se firent sentir successivement d'une Isle à l'autre.

L'*ISLE DES SALINES* est vers le Nord-Ouest de Lipari, dont elle est séparée par un canal d'environ deux milles de large. Elle a quinze milles de tour, & sa forme est à-peu-près ronde. Mais dans son intérieur, elle renferme trois montagnes disposées de manière à former entre elles un triangle. Deux de ces montagnes se touchent ; la troisième, un peu isolée, est à l'Ouest. On la nomme *Malaspina* ; elle forme un cône très-pointu de plus d'un mille de haut. L'une des deux autres montagnes, nommée *della fossa felice* (c'est-à-dire, cratère aux fougères) , est la plus haute de toutes les Isles Eoliennes ; son sommet paroît s'élever un tiers plus haut que celui de Lipari. Là se trouvent les vestiges d'un ancien cratère : c'est un bassin rond & plat, enfoncé de trente pieds, ayant trois cens pas de circonférence , & entouré d'une petite colline circulaire : il est rempli de fougères , d'où la montagne a pris son nom.

Entre les montagnes est une vallée qui la traverse du Nord au Sud. Là se trouve une Eglise ; là aussi se sont portés tous les efforts de la culture. Cette vallée est d'une très-grande fertilité : elle est couverte de vignes, & entre chaque possession, il y a des légumes. Les habitations y sont en grand nombre.

Cette Isle doit son nom au sel qui s'y fait sur une petite plage dans la partie du Sud-Est. Les habitans, divisés en quatre villages, sont environ au nombre de quatre mille. Comme ils ne recueillent pas de bled, ils s'en procurent par l'échange de leurs raisins, qu'ils vendent secs, sous le nom de *passolis*. Ils ont en général l'air aisé & heureux. L'Isle n'a pas de port, mais elle est abordable par des langues, dans plusieurs endroits de son contour.

Felicuda, à l'Ouest, est éloignée de l'Isle des Salines d'environ dix milles : elle a près de deux cens habitans, & abonde en pâturages. On y cultive du bled & des vignes.

Alicuda est plus loin à l'Ouest, puisque l'on compte vingt milles entre elle & Lipari, & à cinq de Felicuda. Elle est couverte d'arbres ; & quoique habitée, elle est peu cultivée. Il y a d'assez bons pâturages. Sa population n'excède guère le nombre de deux cens personnes.

Usiica, vers le Nord-Ouest, n'est guère qu'un rocher ; cependant il y a un Fort, dans lequel on entretient une petite garnison, pour empêcher les Barbaresques d'y venir relâcher. Il y a très-peu d'habitans & de culture. Avec les fapins qui y croiffent en grande quantité, on fait des cendres ou potaffe, des planches pour des caiffes à favon, &c.

ARTICLE II.

DE LA SICILE (1).

I.

LA Sicile eft de forme triangulaire. J'ai donné fa latitude & fon étendue dans la Géographie *ancienne de l'Italie.*

II.

Cette Ifle, en général fort montagneufe, l'eft fur-tout dans fa partie orientale, où eft le Gibello, autrefois le Mont Etna. J'en ai parlé auffi dans l'*Italie ancienne.* Les éruptions de cette montagne ont caufé de grands ravages ; on rapporte que celle du 9, du 10 & du 11 Janvier 1693, engloutit quinze à feize villes, dix-huit villages, & environ quatre-vingt-treize mille

---

(1) Sicilia.

hommes, avec une très-grande quantité de beſtiaux. Cette montagne eſt énorme : on lui donne 180 milles de tour à ſa baſé, & 2500 toiſes de haut.

Ses rivières ſont peu conſidérables :

Cette Iſle eſt très-fertile en bled, & il s'y en recueille bien plus qu'il ne s'y en conſomme. Mais elle n'eſt pas cultivée comme elle pourroit l'être. Le vin y eſt très-bon, les fruits excellens. On y fait de l'huile, du ſafran, du ſucre, du ſel, du miel, &c. Le bétail y eſt d'une belle eſpèce, le gibier abondant & bon, la volaille auſſi fort bonne. La ſoie que l'on y recueille eſt très-eſtimée, ſur-tout celle des environs de Meſſine. Il ne manque à ce pays que des Cultivateurs plus nombreux & plus occupés des ſoins de tirer un grand parti de leurs terres.

Outre ces riches productions extérieures du ſol, on trouve, en fouillant des mines, des pierres précieuſes, des agathes, du porphyre, du jaſpe, des marbres de différentes ſortes, de l'albâtre, &c. ; de l'or, de l'argent, du cuivre, de l'étaim, du plomb, du fer, de l'alun & des eaux minérales froides & chaudes. Toutes ſes côtes ſont abondantes en poiſſons, ſi ce n'eſt en quelques endroits, où l'on pêche ſeulement du corail.

Le climat y eſt en général fort chaud. Et dans certaines ſaiſons on y eſt incommodé du *Siroco*, vent d'Afrique étouffant. Dans le mois de Mars les vents ſont un peu froids.

C'eſt ſur l'Etna que l'on trouve de la neige. Les habitans en font chez eux des proviſions pour rafraîchir en été leurs boiſſons. Pour cet effet ils creuſent des foſſes en plein air, y dépoſent la neige ſur la paille par différentes couches, y jettent enſuite du ſel, & recouvrent le tout avec de la terre. Lorſque dans l'été ils ont beſoin de glace, ils entr'ouvrent cette foſſe, prennent ce qui leur en faut, & referment enſuite l'ouverture.

I I I.

Toute la Sicile ſe diviſe en trois vallées: celle de Mazzara, à l'Oueſt; celle de Noto, au Sud-Eſt, & celle de Demona, au Nord-Eſt. Je n'entreprendrai point d'en décrire l'intérieur, qui eſt peu connu, & ſur lequel les détails ne ſeroient pas fort utiles.

§. I.

Vallée de Mazzara.

La Vallée de Mazzara, qui eſt de forme triangulaire, a environ vingt-cinq à vingt-ſix lieues de l'Oueſt à l'Eſt, & vingt du Sud au Nord, dans ſa plus grande largeur.

PALERME (1), *Capitale*, *Archevéché*, *Univerfité*, *Port.* Cette ville doit être regardée, non-feulement comme la Capitale de l'Ifle, mais même comme étant la Capitale de tout le Royaume qui porte le nom de Royaume *des Deux-Siciles.* C'en eft en quelque forte le chef-lieu, tandis que Naples n'eft que la ville où le Prince fait fon féjour. On peut même dire qu'elle eft digne de cet honneur par fon étendue & par l'air de majefté qu'elle préfente dans fa diftribution. Deux rues en croix, tirées au cordeau, la percent dans le milieu : elles fe dirigent aux quatre points cardinaux ; réunies au centre par un beau carrefour, elles fe terminent par des portes très-ornées (2). La rue qui s'étend de la *Marina* à la *Porta nuova*, appelée *Caffaro*, eft très-large & très-magnifique : elle fert de promenade publique pour les voitures & pour les gens à pied. Palerme fe divife en quatre quartiers. On y trouve treize Paroiffes, dont une du Rit grec, quatre-vingt-dix-fept Couvens, tant d'hommes

---

(1) Panormus.

(2) On remarque fur-tout la *Porta Felice*, qui donne entrée à la ville par *la Marina*, & *Porta nuova*, qui lui eft oppofée à l'autre extrémité de la même rue (la rue *Caffato*).

que de filles, sept Hôpitaux, Séminaires ou Conservatoires, & cent vingt - une Confrairies. Entre les principales Places de Palerme, celle qui est coupée par le carrefour de la rue de Cassato & de la rue Neuve, est une des plus belles par les Palais & les Fontaines dont elle est ornée. On remarque sur-tout la fontaine qui est sur la Place du *Palais Sénatorial.* Ce seroit un des plus beaux monumens de la ville, si elle étoit proportionnée à la Place. Elle fournit abondamment de l'eau par plus de cinquante canaux, sur un grand plan développé en amphithéâtre, orné de vingt urnes, de vingt-quatre animaux de différentes espèces, & de trente-six statues, le tout en marbre blanc. Les autres principaux bâtimens sont le grand Palais de la Vicairerie & celui de la Douane, les greniers à bled, l'arsenal de la mer, situé devant un quai qui fait une belle promenade. La population est estimée d'environ cent vingt ou cent trente mille ames.

Le port de Palerme n'est que le fond d'un golfe, couvert d'un môle factice, sur lequel est un fanal. La ville occupe une partie de la courbe du golfe, plus sur la gauche, en entrant, elle est peu apparente du port, qui est du côté opposé.

Cette ville est gouvernée par un Préteur, qui est le chef du Sénat, & qui est toujours un grand Seigneur.

Les Sénateurs, au nombre de sept, sont nommés par le Vice-Roi de Sicile; mais c'est le Roi lui-même qui, tous les ans, nomme le Préteur.

En 1713, le Duc de Savoie se fit couronner à Palerme avec la Reine son épouse. Et Don Carlos y fut aussi couronné en 1735.

Comme tous les biens appartiennent à l'Eglise ou aux Nobles, & que parmi ceux-ci les aînés ont tout, la plupart des cadets se font Moines, & les filles Religieuses. Aussi le nombre en est-il fort grand. Le luxe est plus grand à Palerme qu'à Paris, en ce que les gens qui ne sont pas riches y font leurs efforts pour le paroître; mais les objets du luxe sont différens. Les deux points dominans sont les équipages & les livrées. Avec une fortune très-médiocre, on a des carrosses, des chevaux ou des mules, & des laquais. On n'y voit guère de Noble aisé qui n'ait un coureur. La table, les ameublemens, &c. sont sacrifiés à toute cette décoration extérieure.

Hors de la ville, entre ses murs & la mer, est une vaste plage ornée de fontaines & d'un beau théâtre en marbre. C'est, en été, la promenade de nuit. Tout le monde s'y rend, soit en voitures, soit à pied. Pendant la première heure & demie de la nuit, le Théâtre est garni de Musiciens, qui ne discontinuent pas de jouer, pour le peuple, depuis dix heures jusqu'à minuit. Les mêmes Musiciens, ou d'autres également gagés par la ville, s'exercent à l'envi pour flatter l'oreille des Grands, des gens en place. Pour laisser à cette promenade toute la liberté dont elle est susceptible, & qui peut en relever infiniment le prix, il est défendu de la troubler par des lumières. Le Théâtre seul & les Cafés sont illuminés.

Comme la ville de Palerme est située dans un golfe entouré de montagnes pelées qui réfléchissent le soleil dans toute son ardeur, la chaleur y est quelquefois excessive. On a vu souvent le chocolat s'y fondre & la cire d'Espagne s'y amollir au point de couler. Je ne parle pas de l'effet du *Siroco*, à peine peut-on donner une idée du mal-aise qu'il fait éprouver à toute la ville pendant qu'il souffle.

MONT-RÉAL,

MONT-RÉAL, *Archevêché* réuni à celui de Palerme, à quatre milles vers le Sud-Ouest, sur une montagne. Elle est petite, mais jolie. Outre le grand Chapitre & une Collégiale, on y compte au moins douze Couvens, Séminaires, Conservatoires, &c.

Les revenus de son Archevêché ont été réunis en partie à ceux de l'Archevêché de Palerme; mais la portion la plus considérable est destinée à l'entretien d'une flotte contre les Maures. L'épithète de Royale ou Réal, lui vient de ce que les Rois de Sicile l'avoient choisie pour le lieu de leur sépulture.

Le Chapitre est régulier, & a pour chef un Religieux qui a le titre d'Abbé, quoiqu'il ne soit que Prieur. C'est l'Archevêque qui en étoit le premier Abbé. C'est la seule Cathédrale que les Bénédictins aient conservée en Italie. On y conserve plusieurs reliques ou restes de S. Louis, dont le corps y fut apporté d'Afrique en 1270. Ses ossemens furent ensuite transférés en France.

Le chemin qui conduit de Palerme à Mont-Réal est aligné à la grande rue & au fauxbourg de cette Capitale. Une allée de beaux arbres se prolonge tant que le terrein est de nature à leur fournir de la subsistance: alors on laisse la vallée sur la gauche, pour serpenter au-dessus, le long du côteau. La voie est large, les repos multipliés, & l'on y trouve des fontaines abondantes, toutes mieux ornées les unes que les autres.

La vallée toujours profonde, & qui forme le plus bel amphithéâtre, est entièrement garnie de citronniers, d'orangers, de figuiers, d'amandiers, de noyers, d'oliviers, & de beaucoup d'arbres aromatiques; la vue qui s'échappe sur la ville de Palerme & sur la mer, fait de cette route une des promenades les plus délicieuses.

CASTELL' A MARE (1), petite ville à

---

(1) Emporium Segestanum.

l'Oueſt de Palerme, à l'embouchure du *Fiume San - Bartolomeo* (1), occupe la place de l'ancien port des Ségeſtins. Elle n'eſt remarquable que par ſes bains chauds ſulfureux, par ſes magaſins & les chargemens de grains qui s'y font. On donne à ces ſortes de ports le nom de *Caricatore.*

On voit encore de beaux reſtes d'un Temple de Ségeſte, à l'endroit où étoit cette ville, c'eſt-à-dire, dans les terres au Sud.

TRAPANI (2), *Port, Place forte,* à l'Oueſt dans une preſqu'Iſle ; c'eſt une jolie ville bien bâtie & défendue par un Fort conſtruit dans une Iſle voiſine. Son Port, célèbre dans l'antiquité, eſt encore, après celui de Palerme, le plus fréquenté de la Sicile.

Il y a beaucoup de Nobleſſe : elle renferme trois Paroiſſes, quinze Couvens d'hommes & ſept de filles.

On fait auprès de Trapani une pêche abondante de corail : & dans ſes environs il y a des ſalines dont le revenu appartient au Roi. C'eſt auſſi là que ſe fait la plus grande pêche du thon. On y travaille très - bien la partie nacrée des coquillages. La ville de Trapani eſt couverte d'une montagne appelée de *San-Giulano* (3), & qui, après l'*Etna*, eſt la plus élevée de la Sicile. On n'y voit plus que quelques colonnes de l'ancien Temple de Vénus.

---

(1) Scamander.
(2) Drepanum.
(3) Mont Eryx.

MARSALLA (1), au Sud, & tout près du Cap Boéo. Elle est peu considérable. On dit cependant qu'elle contient deux mille quatre cens trente feux, & renferme un Collège, onze Couvens d'hommes & trois de filles.

Cette ville, connue autrefois sous le nom de Lilybée, fut long-temps célèbre, & eut un bon port. Charles V redoutant les Barbaresques, le fit combler : ce port n'est plus aujourd'hui qu'un marais. Les habitans s'adonnent en partie à la pêche, en partie à la culture de la vigne, qui se trouve sur les côteaux, & de la plante appelée *Salicol*, qui est en grande quantité dans les campagnes, & dont on fait de la soude.

MAZZARA (2), *Evéché*, aussi sur le bord de la mer, à l'embouchure d'une petite rivière : elle donne son nom à la vallée. Outre sa Cathédrale, dédiée au S. Sauveur, il y a six Couvens d'hommes & trois Abbayes de Bénédictines.

On nomme communément cette ville Mazara, ou *Mazzara Inclita*, l'illustre Mazara. Cette épithète est tout ce qui lui reste de son ancienne splendeur. Car ce fut autrefois une forteresse, un port, & le marché de la fameuse Sélinunte. Et même, après la ruine de cette dernière, elle devint assez célèbre pour donner son nom à l'une des trois divisions de la Sicile. A quelque distance de Mazzara, on trouve les ruines de trois Temples qui ont dû être magnifiques, & un peu plus

____

(1) Lilybæum.
(2) Mazarum.

loin les ruines de l'ancienne *Lilybæum*. L'enceinte de la ville est marquée dans son entier, & quelques parties de murailles ont encore une certaine élévation.

SCIACCA (1), vers le Sud-Est de Mazzara, sur le bord de la mer, a succédé aux bains de Sélinonte, & même les bains s'y retrouvent encore, & l'on en fait usage. Le lieu est un de ceux que l'on nomme en Sicile *Caricatore*, c'est-à-dire, qu'il n'a ni port ni rade, quoique l'on y fasse le commerce de mer (2). Ce lieu est peu considérable.

Les bains, à Sciacca, sont de deux sortes, les uns sont d'eaux sulfureuses, & se trouvent au bas de la montagne ; les autres sont des bains de vapeurs, ils sont au sommet du Calogero. Dans le fond de la pièce où l'on prend ces bains, est une ouverture qui conduit à des cavernes & des souterreins à plusieurs galeries. Il en sort une vapeur épaisse très-chaude, & chassée par un vent si violent, que l'on ne peut y pénétrer, même avec une lanterne. Sur cette hauteur est un Couvent de dix Frères Hermites avec un Prêtre séculier, qui y ont soin des malades pendant le temps ordonné pour leur rétablissement.

C'est sur-tout de ce côté, entre Sciacca & Girgenti, que la Sicile est extrêmement fertile en bled : il n'y a qu'à gratter la terre pour qu'elle rapporte au centuple ; mais les campagnes sont désertes. Peut-être cela change-t-il de face sous le nouveau Vice-Roi.

---

(1) Thermæ Selinuntinorum.
(2) On laisse le bâtiment en mer, on le met à l'ancre ; & les transports s'y font en chaloupe.

En revenant par le Sud, on trouve :

GIRGENTI (1), *Evéché*, à une petite diftance de la mer. Elle eft peu confidérable, & contient cependant quatorze Paroiffes, douze Couvens d'hommes & trois de filles.

Cette ville n'eft pas précifément dans le lieu qu'occupoit l'ancienne Agrigente, mais à une très-petite diftance vers le Nord-Oueft. On appelle cet emplacement *Girgenti vecchio*, ou le vieux Girgenti.

Comme Girgenti fait un grand commerce de bled, & qu'elle eft loin de la mer, on lui a fait, depuis quelques années, un port magnifique.

ALICATA, au Sud-Eft, n'eft pas fort confidérable. On y compte plus de deux mille feux.

§. I I.

Val de Noto.

Ce Val occupe la partie du Sud-Eft, il eft terminé par le Cap Paffaro (2). On y trouve, en remontant vers le Nord,

NOTO (3), un peu avant dans les terres près des montagnes, fituée elle - même fur une élévation. Elle a donné fon nom à la Province, & a fuccédé à une ancienne ville détruite en 1693 par un tremblement

______

(1) Agrigente.
(2) Pachinum.
(3) Neetum.

de terre. Elle eſt grande & aſſez bien bâtie. On y compte cinq Paroiſſes, un Collège, dix Couvens d'hommes, huit de filles, & quelques Conſervatoires.

SIRAGUSA (1), *Evéché*. Il paroît conſtant que cette ville, autrefois ſi célèbre, n'occupe plus que la petite Iſle d'Ortigye, qui n'étoit qu'une portion de l'ancienne Syracuſe. Cependant elle eſt encore une des plus conſidérables de la Sicile. Elle a été fort endommagée par le tremblement de 1693. Son grand & ſon petit ports ſont défendus par un Château où ſe trouve la célèbre fontaine Aréthuſe. On y compte, outre ſa Cathédrale, ſept Paroiſſes, douze Couvens d'hommes & neuf de filles. Il y a un Collège & quelques Conſervatoires. Cette ville fut priſe en 1735, par les Eſpagnols.

AUGUSTA (2), ou *Agoſta*, au Nord, Port de mer, eſt peu conſidérable.

LENTINI (3), au Nord-Oueſt, a été fort endommagée par le tremblement de terre de 1693. On y trouve quatre Paroiſſes, douze Couvens. Elle n'eſt pas fort peuplée.

---

(1) Syracuſe.
(2) Xiphonia.
(3) Leontini.

CATANE (1), *Capitale*, *Evêché*. Cette Province eft au Nord, fur le bord de la mer, & au pied de l'Etna. Elle a eu beaucoup à fouffrir des différentes fecouffes que cette montagne a données en différens temps à la Sicile. On dit qu'en 1693 il y périt vingt mille perfonnes. Cependant on l'a rebâtie, & elle eft fort peuplée. Elle n'a point de port, mais une fimple plage. On y compte huit Paroiffes, quatorze Couvens d'hommes, & autant de filles. La plupart des rues font longues & droites. La ville fe gouverne par fes propres Magiftrats, & jouit de plufieurs privilèges qui lui font particuliers.

§. III.

Du Val de Démona.

Il eft plus que probable que par *Val de Demona*, le peuple entend le *Val des Démons*, à caufe des feux de l'Etna, dont peut-être, lorfque ce nom fut impofé à ce canton de la Sicile, on attribuoit les éruptions aux efprits infernaux.

On y trouve, en remontant la côte, au Nord de Catane :

---

(1) Catana.

TAORMINA (1), *Evéché*, *Port*. Cette ville est assez élevée, & étoit fort jolie avant le tremblement de terre dont j'ai parlé, & qui a maltraité si affreusement ce côté de la Sicile. Elle est célèbre par son beau marbre & son bon vin.

MESSINE (2), *Archevéché*, *Port*. Cette ville, bâtie en partie sur le bord de la mer, & en partie sur quelques collines, est fortifiée de bonnes murailles, & défendue par une Citadelle. Messine est fort peuplée, & se trouve le centre d'un grand commerce, sur-tout en étoffes de soie, & en soie non employée. Il y a plusieurs beaux Palais, & de très-belles Eglises. Il y a une Université, onze Paroisses, vingt-un Couvens de Religieux mendians & un grand nombre de Couvens de filles. Le quai sert de promenade, il est orné de maisons uniformes. Il y a quatre faux-bourgs.

Messine est sur le Détroit de son nom, dont le passage étoit si redouté autrefois, & qui paroît si peu effrayant aujourd'hui. On croyoit qu'il y avoit d'un côté un gouffre ; & comme de l'autre il y a un rocher, appelé

---

(1) Tauronimium.
(2) Messana & Zancle. J'ai laissé subsister cet article pour conserver une idée de ce qu'étoit cette ville avant le tremblement de terre de 1783. On peut voir ce que j'en ai dit à la fin de l'article de la Calabre, p. 192.

autrefois Scylla, & actuellement Cap Sciglio, souvent on se jettoit sur le rocher pour éviter le gouffre qui est du côté de la Sicile. M. Popowitsch, qui a examiné l'effet de l'eau en cet endroit, prétend que l'agitation qui s'y fait sentir, est produite par le grand volume d'eau qui, venant de l'Océan par le Détroit de Gibraltar, se jette fortement contre cette partie de la Calabre. Les Anciens croyoient qu'il y avoit au fond de la mer des ouvertures où les eaux étoient englouties. Mais les Marins ont observé dans ces courans des règles constantes, d'après lesquelles ils se dirigent. Quand il n'y a point de tempête, & sur-tout quand le vent du Midi ne souffle pas, la mer est calme en cet endroit comme ailleurs, & l'on y peut passer sans danger.

MILAZZO (1), à l'Ouest, sur un Isthme, qui joint une presqu'Isle au reste de l'Isle, en face des Isles Lipari. Elle est divisée en haute & basse ville : il y a un Port, qui est défendu par de bonnes fortifications. Les Espagnols l'assiégèrent inutilement en 1719.

PATTI, *Evéché*, à l'Ouest de Milazzo, près du golfe de son nom. La Cathédrale est assez belle. Il y a quelques Couvens.

RANDAZZO, au Sud de Patti, dans l'intérieur des terres. Cette ville est mal peuplée, & ses bâtimens sont en très-mauvais état.

---

(1) Mylæ, ou Myles.

Article III.

De l'Isle de Pantalaria.

Cette Isle, qui est au Sud-Ouest de la Sicile, est fort peu considérable. Soumise à l'Etat de Naples depuis l'an 1620, que les Espagnols s'en emparèrent, elle appartient, à titre de Principauté, à une Maison qui en fait hommage au Roi de Sicile.

Le terrein y est sec, pierreux, & produisant très-peu de grains. Mais on y recueille des légumes, des capres, du coton, de l'anis, des figues & des raisins excellens. Cependant les Insulaires sont pauvres, & vivent, à la Religion près, comme les Mores d'Afrique : ils sont très - bons nageurs.

Il y a une petite ville du même nom que l'Isle, & défendue par un Château situé sur un rocher escarpé.

ARTICLE IV.

DE L'ISLE DE MALTE.

CETTE Isle n'est proprement qu'un rocher, & le sol y est si peu fertile, que les productions de toute l'Isle en bled suffiroient à peine pour la consommation des habitans pendant quelques mois ; & même on y manque d'eau, de bois, &c. Mais il y vient différens arbres fruitiers, tels que figuiers, cotonniers, & des orangers, qui produisent ces oranges excellentes que nous mangeons en France, & que l'on appelle *Oranges de Malte*. Il n'y a presque point d'eau dans toute l'Isle, c'est-à-dire, qu'il n'y a point de rivière, mais plusieurs sources.

LA VALETTE, ou *Citta nuova*, appelée communément la *Cité Valette*, est la Capitale de l'Isle, & a pris son nom du Grand-Maître Jean-Frédéric de la Valette, qui la fit bâtir en 1566, sur une montagne avancée dans la mer en forme de presqu'Isle. Elle est très-fortifiée. Sur la pointe extérieure est le Château S. Elme, qui défend l'entrée des deux Ports, appelés l'un *Porto grande*, l'autre *Marza Muscetta*. Il y a encore un autre Fort. La ville qui est à la droite du Port, renferme un beau Palais, où le Grand-Maître fait fa réfidence. Chacune des grandes divifions de l'Ordre, que l'on appelle *Langues*, y a un bâtiment particulier. L'Eglife principale eft dédiée à Saint Jean. On y trouve plufieurs Couvens, un Hôpital, & un édifice où font détenus les Efclaves. La Cité Valette renferme environ deux mille habitans.

Il y a encore quelques autres Places, entre autres celle de Malta, appelée aufli Medina, du nom *Medina*, ou ville, que lui donnoient les Arabes ; mais ces lieux font peu confidérables. D'ailleurs l'intérieur de toute l'Ifle eft remplie de villages fort peuplés ; on les nomme *Cazali*.

Tous les habitans de l'Ifle de Malte font fujets de l'Ordre ou de la Religion, comme on dit quelquefois : on les fait monter à foixante mille. On dit qu'ils font tenus dans une dépendance affez abfolue, & la Nobleffe y joue un rôle très-peu confidérable.

Leur langage a confervé beaucoup de mots Arabes ; on a même cru y retrouver de l'ancien Carthaginois, qui n'étoit probablement qu'une altération du Phénicien.

A R T I C L E   V.

D E   L'I S L E   D E   G O Z O.

CETTE Isle est au Nord-Ouest de Malte : elle est très-fertile, & a titre de Marquisat. On y trouve quelques bons Ports & trois Forts. La Forteresse de Chambrai est un ouvrage moderne. On y compte environ trois mille habitans.

D E   L'O R D R E   D E   M A L T E.

J'AI parlé, dans l'*Italie ancienne*, p. 329, &c. des commencemens de l'Ordre de Malte. Je ne puis qu'être concis dans ce que je dirai pour le faire connoître en lui-même.

C'est réellement un Ordre religieux sous la règle de S. Jean, & dont les membres font les trois vœux de *Chasteté*, de *Pauvreté* & d'*Humilité*. Ceux qui composent cet Ordre, s'appellent entre eux Frères. Il faut faire preuve d'une très-bonne Noblesse pour y entrer. Cependant il y a des cas particuliers où l'on admet des Chevaliers qui n'ont pas fait ces preuves : on les nomme Chevaliers de *Grace*, au lieu que les autres font Chevaliers *de Justice*.

Une des principales loix de l'Ordre, c'est que chaque Chevalier doit se trouver à trois expéditions contre les Infidèles.

Le Gouvernement de l'Ordre est aristocratique, car le Grand-Maître n'est que le premier des Frères, & n'est maître indépendant que pour les affaires intérieures de l'isle. Tout l'Ordre se divise en *huit Langues*, dont trois sont en France, & deux en Espagne.

On peut diftinguer dans tout l'ordre ,

1°. Le Grand-Maître , que l'on traite d'*Alteffe Emi-nentiffime*. Dans tout ce qui concerne l'Ordre, il doit fe conformer aux délibérations du Confeil & à celles du Chapitre.

Son habit de cérémonie eft une efpèce de Simarre : à la campagne il porte l'épée.

2°. Les Baillis Conventuels qui forment le Con-feil, & font les Chefs des huit Langues , grandes divi-fions de l'Ordre. Ce font, le *Grand Commandeur*, le *Grand Maréchal*, le *Grand Hofpitalier* , l'*Amiral* , le *Grand Confervateur* , le *Grand Chancelier* , le *Grand Bailli*, le *Turcopolier* , ou Général de la Cavalerie.

Il y a quelques obfervations qui fuivront le Tableau dans lequel je donne les divifions de tout l'Ordre.

3°. Les Grands Prieurs qui font dans chaque Lan-gue. Celui d'Allemagne a été déclaré , en 1546 , Prince de l'Empire , par l'Empereur Charles-Quint. Ces Grands Prieurs ont , dans l'étendue de leurs jurifdictions, un cer-tain nombre de *Commanderies* ou poffeffions de l'Ordre.

4°. Les Chevaliers, qui comprennent les Cheva-liers , les Baillis & les Commandeurs.

Outre les Chevaliers de *Juftice* & de *Grace*, il y a encore les *Frères Chapelains* & les *Frères fervans d'armes* , qui ne font point affujettis aux mêmes preuves que les Chevaliers de Juftice : cependant ils font appelés à l'é-lection du Grand-Maître , & même c'eft d'entre les Cha-pelains que l'on tire l'Evêque de Malte & le Prieur de l'Eglife de S. Jean , qui ont , après le Grand-Maître , ou , en fon abfence , après fon Lieutenant, les premières places dans le Confeil.

Quant aux Commandeurs , qui occupent ou qui jouif-fent des revenus des Commanderies , voilà leur origine. Autrefois l'Ordre qui pofsède ces biens les faifoit gérer par des économes. On a trouvé plus convenable d'en abandonner le revenu à des Chevaliers qui prennent le titre de Commandeurs , & rendent à l'Ordre une rede-vance que l'on appelle *Refponfion*.

J'ai dit que tout Chevalier étoit obligé d'aller en caravane. Il doit passer un certain espace de tems à Malte, où il est logé & nourri aux dépens de l'Ordre.

Il y a à Malte sept Palais appelés *Auberges*, à la tête de chacun desquels est un Chef pris dans l'Ordre : ce Chef, ou celui qui le représente, porte le nom de *Pilier*. Le trésor lui fournit une certaine somme pour la nourriture des Chevaliers ; &, comme cela ne suffit pas, il lui en coûte ordinairement 30 à 40 mille francs par an. On voit que cet honneur ne laisse pas d'être onéreux. Mais pour l'en dédommager, chaque *Pilier* a le droit de prétendre à la première dignité vacante dans sa Langue. Et quand il a quitté sa place, le plus ancien Chevalier a le droit de lui succéder. Mais il faut qu'il ait fait dix ans de résidence, qu'il ne doive rien à l'Ordre, &c.

Je finirai ce court exposé par un Tableau qui sera suivi de quelques observations.

TABLEAU *de la Division des Langues, Dignités, Prieurés & Bailliages de l'Ordre de Malte.*

	Commanderies.

L'ORDRE DE MALTE se divise en huit LANGUES, Savoir :

La FRANÇOISE renfermant les Langues

de PROVENCE.
- Dign. Le Gr. COMMANDEUR.
- 2 Gr. Pr.. — de S. Gilles..... — 54
- — de Toulouse..... — 35
- 2 Bailliages.... de Manosque.

d'AUVERGNE.
- Dignité. Le Grand MARÉCHAL.
- 1 Gr. Prieuré d'Auvergne....· — 48
- 1 Bailliage..... de Lyon.

de FRANCE....
- Dign. — le Gr. HOSPITALIER.
- — le Gr. TRÉSORIER.
- 3 Gr. Pr.... — de France........ — 45
- — d'Aquitaine...... — 65
- — de Champagne. — 24
- 1 Bailliage..... de Morée.

L'ITALIENNE................
- Dignité.........l'Amiral.
- 7 Gr. Pr.... — de Rome........ — 19
- — de Lombardie.. — 45
- — de Venise....... — 27
- — de Barlette...... — 25
- — de Capoue...... — 25
- — de Messine...... — 12
- — de Pise........... — 26
- 4 Bailliages — deSteEuphémie
- — de S. Etienne...
- — de la Trinité.
- — de S. Jean.

L'ESPAGNOLE renfermant les Langues

d'ARAGON.....
- Dign. Le Gr. CONSERVATEUR.
- 3 Gr. Pr. — d'Aragon............ — 29
- — de Catalogne...... — 28
- — de Navarre......... — 17
- 1 Bailliage.....de Majorque.

de CASTILLE.
- Dign. Le Gr. CHANCELIER.
- 3 Gr. Pr... — de Castille........ — 27
- — de Léon.......... — 27
- — de Portugal.....
- 1 Bailliage.....de Bovède.
- Le Bail. de Négrepont est de la Langue de Castille & d'Aragon.

L'ALLEMANDE................
- Dign. Le Gr. BAILLI.
- 3 Gr. Pr... — d'Allemagne..... — 67
- — de Bohême.......
- — de Hongrie......
- 1 Bailliage.....de Sonneberg.

L'ANGLOISE................
- Dignité..... Le TURCOPOLIER.
- 3 Gr. Pr. — de S. Jean....... — 32
- — d'Irlande......... — 32
- 1 Bailliage..... de l'Aigle.

Remarques.

On a vu fur le tableau à quelles Langues appartenoit chacune des Dignités. Il ne faut qu'obferver,

1°. Que le Grand-Confervateur, qui eft de la Langue d'Aragon, étoit autrefois appelé le *Drapier*.

2°. Que le Turcopolier, pris autrefois dans la Langue d'Angleterre, eft, depuis le changement de Religion en ce Royaume, repréfenté par le Sénéchal du Grand-Maître.

3°. Que le Bailliage de la Morée, qui eft de la Langue de France, a fon titre à S. Jean-de-Latran à Paris.

4°. Que la charge de Grand-Tréforier eft unie à la Commanderie de S. Jean de Corbeil.

5°. Que le Bailliage de Cafpe, en Afrique, dépendoit de la Langue d'Aragon; mais la Religion en a été privée, il y a long-temps, par la perte de Tripoli & de fon territoire.

6°. Que le Grand-Prieur d'Allemagne réfide à Heitersheim.

7°. Que le Bailliage de Sonneberg, qui dépend du Grand-Prieur d'Allemagne, auffi-bien que les Prieurés de Bohême & de Hongrie, eft à préfent poffédé par des Luthériens, qui ne font point reconnus dans l'Ordre.

8°. Que le titre de Bailli de Negrepont eft commun aux Langues de Caftille & d'Aragon.

9°. Que le Grand-Prieur de France a fon titre à Paris, dans l'enclos appelé *le Temple*, parce que cet enclos avoit appartenu précédemment à l'Ordre des Templiers. Ce Grand-Prieur eft depuis long-temps un Prince de la Maifon royale de France. C'eft aujourd'hui Monfeigneur le Duc d'Angoulême.

10°. Enfin, que, d'après le Tableau, il fe trouve près de cinq cens Commanderies dans l'Ordre, fans compter les Prieurés & les Bailliages.

RÉCAPITULATION.

JE crois ne pouvoir mieux terminer cette Partie qu'en rapprochant les choses qui pourroient avoir échappé à la mémoire de ceux qui auroient étudié cet Ouvrage, ou que je n'ai pu y faire entrer, pour ne pas trop m'écarter de ce qui étoit purement géographique. Je séparerai le peu que je vais dire par petits articles.

COMPARAISON DES DIVIS. ANC. ET MOD.
DE L'ITALIE.

I. *Parties septentrionales.*

1°. Les Etats du Roi de Sardaigne, partagés en Savoie, Piémont & Montferrat, répondent,

Pour la SAVOIE, à une partie de la *Gaule Transpadane*, habitée par les *Nantuates* au Nord, & les *Centrones* plus au Sud. Vers le quatrième siècle, ce pays commença à être appelé *Sapaudia*, d'où s'est formé le nom de Savoie.

Quant au PIÉMONT, son étendue donne lieu à plusieurs Divisions :

Le Duché d'Aouste répond au *pays des Salasses.*

La Seigneurie de Verceil, au *pays des Libicins.*

Le Canavèse, à la partie méridionale du *pays des Salasses.*

Le District de Turin, à une partie du *pays des Tauriniens.*

Le Marquisat de Suze, *au pays des Ségusiens.*

Les Vallées répondent, dans la partie qui est au Nord du Pô, au *pays des Tauriniens.* Dans la partie qui est au Sud de ce fleuve, & où se trouvent le Marquisat de Saluces & les Districts de Coni, de Modovi, &c. Tout cela se trouvoit en Ligurie, sur les *terres des Vagienniens* ou *Vagiennes.*

Le Comté de Nice, tout-à-fait au Sud, étoit en Ligurie, fur les terres des *Intiméliens*, ou plutôt des *Vediantiens*.

Le MONTFERRAT étoit de même en Ligurie, & probablement fur les terres des *Statielliens* ou *Statielles*.

Le territoire d'Anghierra étoit hors des limites de l'ancienne Italie, fur les terres des *Lépontiens*.

Le Val de la Seffia étoit en partie hors de l'Italie, & en partie dans fes limites.

Le Novarais, le Vigévanafc, la Lumelline, l'Alexandrin & le Pavéfan, étoient fur les terres des *Léviens* ou *Lèves*.

Le Tortonois étoit dans la Ligurie, qui, comme on fait, s'étendoit jufqu'au Pô.

Les Fiefs Impériaux font dans une partie de la Ligurie.

2°. L'Etat de Gênes occupe la partie de la Ligurie qui formoit une côte le long de la mer, depuis le *Var*, qui le féparoit de la *Provincia* ou Provence, jufqu'à la *Macra*, qui la féparoit de l'Etrurie.

3°. L'Etat de Parme répond à une partie du *pays des Anamans*.

4°. L'Etat de Modène eft fur une partie des terres des *Cénomans*.

5°. Le Milanois dans le *pays des Infubriens*.

6°. Le Mantouan dans celui des *Cénomans*.

7°. Des principautés Souveraines;

Monaco, au Sud, en Ligurie, eft fur les terres des *Védiantiens*, ou des *Intiméliens*; car on n'eft pas d'accord.

Mafférano, dans la Seigneurie de Verceil, chez les *Léviens*.

La Principauté de Caftiglione, chez les *Cénomans*.

8°. L'Etat de Venife répond en grande partie à la Vénétie, à l'Oueft; à la Carnie, au Nord du golfe; & à l'Hiftrie, à l'Eft.

Le Bergamafc a fuccédé aux *Orobiens*.

Le Brefcian & le Cremafe en partie, aux *Cénomans*.

Le Frioul répond à l'ancienne *Carnie*.

9°. La Dalmatie actuelle s'étend un peu au Nord-Oueft, fur le pays appelé *Liburnie*.

II. *Parties du Milieu.*

Le grand Duché de Toscane.

1°. Le grand Duché de Toscane, avec l'Etat de Lucques, comprend moins que l'ancienne Etrurie, qui alloit jusqu'au Tibre.

2°. L'Etat de l'Eglise est fort grand, & mérite d'être détaillé.

Le Ferrarois est sur les terres des *Lingons.*

Le Bolonois sur celles des *Boïens.*

La Romagne, aussi sur les terres des *Boïens*, & sur celles des *Sénonois.*

Le Duché d'Urbin, sur les terres des *Sénonois.*

La Marche d'Ancône & celle de Fermo s'étendent au Nord, sur les terres des *Sénonois ;* au Sud, dans tout le *Picenum;* & à l'Ouest, dans une petite portion de l'*Ombrie.*

L'Ombrie, en partie dans l'Ombrie ancienne, & en partie dans le pays des Sabins.

Le Pérusin, l'Orviétan, le Duché de Castro, & le Patrimoine de Saint-Pierre, répondent à la partie du Sud-Est de l'ancienne Etrurie.

La Sabine ne comprend qu'une partie du pays des anciens Sabins.

La Campagne de Rome comprend l'ancien *Latium* & le pays des *Volsques.*

III. *Partie méridionale.*

Cette partie, qui est le Royaume de Naples, comprend beaucoup plus que la Grande-Grèce : on va le voir.

L'Abruzze ultérieure est en partie sur les terres des *Prétutiens*, & en partie sur celles des *Vestins* & des *Marses*, nations Samnites.

L'Abruzze citérieure, sur celles des *Pélignes* & des *Frentaniens.*

Le Comté de Molise est en partie dans le Samnium propre, & en partie vers la mer, sur les terres des *Frentaniens.*

La Terre de Labour répond en grande partie à l'ancienne *Campanie.*

La Principauté ultérieure, à une partie du *Samnium*, où étoient les *Hirpins*.

La Principauté citérieure, à la partie de la Campanie où étoient les *Picentiniens*, & à une partie de la *Lucanie*.

La Capitanate répond à la partie de l'Apulie qui portoit le nom de *Daunie*.

Et la Terre de Barri, à celle que l'on appeloit *Peucetie*.

La Terre de Leccé ou d'Otrante, se nommoit *Messapie*, &, à l'extrémité, *Iapygie*.

La Capitanate répond à une partie de la *Lucanie*,

Et les Calabres citérieure & ultérieure, au *Brutium*.

J'ai fini le Continent de l'Italie : on sent bien qu'il n'est pas besoin de parler des Isles. Je ne me dissimule pas qu'une fort grande Carte eût fait mieux sentir cette comparaison ; mais, n'étant pas dans mon plan de la donner, j'ai cru suppléer ainsi à l'insuffisance de la petite. On peut voir ces détails dans les Cartes de mon Atlas.

MAISONS SOUVERAINES EN ITALIE.

Si nous considérons à quelles Maisons appartiennent les différens Etats de l'Italie, nous verrons que deux ou trois seulement sont au pouvoir de quelques familles Italiennes.

Encore comprendrai-je dans ce nombre le Roi de Sardaigne, à cause de sa longue domination dans des Etats Italiens.

Il faut y joindre le Duc de Modène, Hercule Renaud, de la Maison d'Est, actuellement régnant, qui, par son mariage avec la Princesse Marie-Thérèse Cibo, Duchesse de Massa, est devenu maître de cette Principauté.

Les Princes de Masférano & de Piombino sont aussi de familles Italiennes.

Mais la Maison d'Autriche possède les Duchés de Milan & de Mantoue. De plus, l'Archiduc Ferdinand, qui y fait sa résidence en qualité de Gouverneur, a l'assurance du Duché de Modène, en cas que le Duc meurre sans enfans. Le Duc de Parme a épousé une sœur de l'Empereur. Le Grand-Duc de Toscane, Pierre Léopold, est aussi son frère. Ainsi cette Maison voit ses Etats, baignés à l'Ouest par la Méditerranée, continuer, par une suite presque

point interrompue, vers le Nord, en s'avançant jufqu'aux rives du Danube.

L'Efpagne n'eft pas moins puiffante en Italie.

Ferdinand IV, Roi de Naples, eft Infant & fils du Roi
d'Efpagne ; & le Duc de Parme eft auffi Infant d'Efpagne , & petit-fils de Philippe V.

Le Prince de Monaco eft de la Maifon Françoife de
Matignon ; mais il eft Grimaldi par fa mère , & porte ce
nom dans fes Etats.

Je ne parle ici ni des Républiques , ni du Pape , qui
ne tient à aucune maifon. On peut obferver cependant
à l'égard de ce dernier , que le Collège des Cardinaux,
qui en fait l'Election entre fes Membres , affecte ordinairement de faire tomber le choix fur un Cardinal Italien.

Je ne puis finir cet article fans prévenir une remarque
que l'on fera peut-être fur le nombre exceffif des Couvens de l'un & de l'autre fexe, de Collégiales, &c. qui
fe trouvent dans toute l'Italie. Quelques Politiques ont
cru pouvoir en inférer une caufe toujours fubfiftante &
irremédiable de dépopulation. Je ne prononcerai point
fur cette queftion. Je dirai feulement, que la plupart de
ces Couvens font dotés bien moins richement que les
nôtres ; que dans plufieurs on y vit prefque dans la
mifère ; que dans telle Collégiale, où les Chanoines ont
une robe de pourpre au chœur, à peine ont-ils un habit
pour aller à la ville, & que beaucoup d'Evêchés ont un
revenu très-médiocre. De plus , l'Empereur & le Grand-
Duc de Tofcane viennent d'en fupprimer un affez grand
nombre.

SCIENCES ET BEAUX-ARTS.

De toutes les occupations de l'efprit qu'aient cultivées
les Italiens, la Poéfie eft celle dans laquelle ils ont le
plutôt & le mieux réuffi. Leur Langue, dès le milieu
du quatorzième fiècle, devoit déjà fon énergie, & les
commencemens de la perfection où elle fut portée peu
après , au génie du Dante, de Boccace & de Pétrarque.
Mais leur philofophie étoit encore dans un état très-
informe. Ariftote & Platon, & tous les fatras dont on
accompagnoit la lecture de leurs Ouvrages, régnoient
feuls dans les Ecoles.

La Philosophie des Grecs n'étoit pas meilleure. Cependant la prise de Constantinople, qui força leurs Savans d'aller chercher une nouvelle patrie, fit une révolution heureuse dans les études des Italiens. Les Médicis ayant accueilli plusieurs de ces Savans, on connut mieux & l'on étudia davantage les Historiens & les Poëtes de l'Antiquité.

Le désir de perfectionner la Langue Italienne, & de rassembler de bons exemples d'après de grands modèles, donna lieu à l'établissement de l'Académie *della Crusca*, en 1582. Elle a en effet publié un Dictionnaire en six vol. *in-folio*, qui est le plus ample & le mieux fait, dit-on, de ceux que l'on a jusqu'à présent composés sur une Langue.

On ne connoissoit pas encore d'Académie pour les Sciences. Mais le célèbre Galilée (1), & ses disciples Toricelli & Aggiunti, avoient jetté les premières semences d'une Philosophie nouvelle, & fait disparoître les *causes occultes*, & toutes les rêveries de l'Astrologie judiciaire. Le Cardinal Léopold de Médicis, persuadé que l'on ne pourroit arriver à de bons principes quelconques, qu'après avoir rassemblé un grand nombre de faits, institua, en 1657, l'Académie *del Cimento*, ou de l'Expérience. Une espèce d'enthousiasme pour le vrai s'empara des esprits. Ce fut alors que l'on vit fleurir les Viviani, les Malpighi, les Marsigli, les Borelli, les Magalotti, &c. Alors aussi fut établi l'Institut de Bologne, qui doit ses commencemens au Comte de Marsigli, & qui a survécu à l'Académie *del Cimento* (2). D'autres Sociétés, qui furent à celles dont je parle, comme à-peu-près le babil des perroquets est au langage des hommes, s'établirent dans presque toutes les villes. Il suffiroit presque de les nommer, au moins la plupart, pour les faire trouver ridicules. Que signifient en effet ces titres bisares d'*Infecundi*, de *Stupidi*, d'*Ostinati*, &c.?

Mais ces petits Corps, qu'il faudroit plutôt nommer coterie, n'empêchèrent pas que le goût de la Science ne se soutînt encore en Italie. On y a cultivé les Sciences

____

(1) Voyez la *Géographie astronomique*, page 119.
(2) J'en ai parlé à l'Article de Bologne.

Q 4

exactes dans toute la Lombardie ; & Turin, qui a une Académie des Sciences, a donné naissance à l'illustre M. de la Grange. Le système de Newton a été traité par l'ingénieux Algarotti, comme Fontenelle, à-peu-près, a traité son Système des Mondes. Les Mathématiques possèdent actuellement encore les P. le Maire & Boscowits, l'Abbé Ximenès, &c. La Physique, M. l'Abbé Fontana, & plusieurs autres. Et en femmes, on cite Mlle Agnesi, la Signore Bassi, la Duchesse de Piccolomini, &c.

Quant à la Poésie & à la Peinture, personne n'ignore à quel degré de perfection elles ont été portées par l'Arioste & le Tasse, Raphaël & Michel Ange. En général cependant les grands Peintres Italiens sont plus nombreux que les grands Poëtes ; ce qui tient nécessairement à la différence des genres. Parmi les Poëtes de l'Italie, après ceux que j'ai nommés, on cite sur-tout Apostolo Zeno, & Métastase, pour le genre Lirique & Dramatique, & M. Goldoni, pour la Comédie : ce dernier est depuis plusieurs années à Paris.

La Sculpture n'a pas été plus négligée en Italie que la Peinture. Et le Peintre Michel Ange, qui étoit aussi grand Architecte, pourroit mériter, avec le Cavalier Bernin, d'être comptés comme les premiers Sculpteurs de l'Italie.

Enfin, la Musique n'a pas moins illustré l'Ecole Italienne, qui est devenue celle de toute l'Europe ; & s'il s'est trouvé quelques hommes qui aient pu arriver à produire d'aussi grands effets, & peut-être de plus grands encore que les Maîtres Italiens, ils font en très-petit nombre, & font de ces génies heureux qui ne peuvent faire règle ; encore voit-on qu'ils se sont long-temps cultivés par l'étude des grands Auteurs Italiens. On cite, à la tête des Musiciens célèbres, le P. Martini, théoricien, & MM. Piccini, Sacchini, Paësiello, &c. dont Paris a entendu & admiré récemment plusieurs Ouvrages entiers, & des morceaux détachés d'un grand nombre d'autres, qui nous ont fait regretter de ne les point entendre exécuter sur nos Théâtres.

U S A G E S.

Je ne m'étendrai pas sur les usages particuliers à l'Italie. Presque tous les Voyageurs en parlent ; &,

pour en donner des idées précises, il faudroit peut-être examiner sur les lieux, la conformité de ce qu'ils ont dit, avec ce que l'on y trouveroit.

Je finirai par remarquer que les heures se comptent en Italie autrement que chez nous, & qu'il est utile qu'un homme qui parcourt ou qui visite l'Italie, n'ignore pas un usage si général.

On y compte vingt-quatre heures de suite, depuis un soir, ou le Soleil couché, jusqu'au Soleil couché, ou au soir du lendemain. Cette vingt-quatrième heure, que l'on appelle l'*ave maria*, sonne une demi-heure après le coucher du Soleil. Cette méthode a certainement un très-grand inconvénient, puisqu'il faut plusieurs fois par mois changer les Horloges. Au lieu que chez nous, nous comptons toujours du passage du Soleil dans notre Méridien, ou dans le Méridien opposé. A Turin, à Parme, à Florence, on a adopté cette dernière méthode, & probablement cet usage deviendra général dans tout le reste de l'Italie.

APPENDIX

Renfermant quelques détails fur les MONNOIES principales en ufage dans les principaux Etats de l'Italie, & les ROUTES de pofte.

N. B. Je me conforme ici à l'ordre que j'ai fuivi dans le cours de mon Ouvrage, pour la diftribution géographique des Etats.

§. I.

DES MONNOIES.

CE que l'on va lire a été rectifié fur l'excellent Ouvrage de M. de Benavan, intitulé : *le Caiffier Italien,* compofé fur les lieux mêmes, d'après les Réglemens des Souverains, & les ufages des grandes Caiffes de l'Italie (1).

On fent bien que, d'après cette autorité, je confens à regarder comme autant d'articles inexacts, ceux qui, concernant les monnoies de différens pays, & placés dans le corps de mon Ouvrage, ne fe trouveront pas conformes à ce que je dis ici.

1. *Monnoies des Etats du Roi de Sardaigne.*

Monnoies d'or nationales.

Les monnoies d'or nationales, fabriquées en vertu de l'Edit de 1785, font les feules qui aient cours.

Pièces de 5 piftoles.	120 l.
Demi-pièce, ou pièce de 2 piftoles $\frac{1}{2}$.	60
Piftole neuve	24
$\frac{1}{2}$ piftole	12
$\frac{1}{4}$ de piftole	6

---

(1) Cet Ouvrage, dont la méthode eft très-claire, renferme auffi plufieurs Obfervations intéreffantes fur l'Italie, & des Tables de la plus grande netteté. Le fecond volume ne renferme que des planches gravées, qui repréfentent toutes les monnoies naturelles ou étrangères ayant cours en Italie.

Monnoies d'argent.

Les monnoies d'argent, depuis le 15 Février 1785, ont cours, ou n'ont éprouvé de changement que dans l'empreinte.

Ecu neuf . . . . 6 l.
Demi-écu 3
Quart d'écu 1   10 f.
Huitième d'écu   15

Monnoie de billon.

Pièce de 7 fols 6 deniers . . . . 7 f.   6 d.
Pièce de 2 fols 6 deniers 2   6

Monnoie de cuivre.

Sou. . . . . 12 d.
Demi-fou 6
Quatrin 2

Françoifes (1).

Or. Le louis neuf . . . . 19 l. 11 f. 6 d.
Argent. Ecu vieux 4   10   4
   Idem dit du pompon 4   1   8
   Idem dit trois couronnes 5   2
   Idem neuf, avec 3 fleurs de lys. 4   18   4
Remarque. Le marc de Turin correfpond à 1 marc 22 grains & $\frac{1}{4}$ du marc de France.

La livre dont on fe fert dans le commerce, diffère de 4 onces de celle du poids de marc.

2. Monnoies de l'Etat de Gênes.

Monnoies d'or nationales.

Piftole. 23 l. 12 f.
N. B. Les autres relativement, foit en plus, foit en moins.

---

(1) On trouve, dans l'excellent Ouvrage cité ci - deffus, toutes les autres monnoies étrangères ayant cours à Turin, ainfi que dans les autres villes : nous y renvoyons, pour ce qui concerne les pays étrangers.

Monnoie de 100 liv. . . . . 100 liv.
Sequin 13   10 f.

Monnoies d'argent.

	l.	f.	d.
Ecu de S. Jean-Baptiste.	5		
Ecu ou genovine.	9		
Giorgino.	1	6	
½ giorgino		13	
Madonine	1		
⅓ madonine.		10	
⅓ de madonine.		6	8 d.

Monnoie de billon.

	f.	d.
Pièce appelée *da 6 foldi & una de otto*. . .	6 f.	8
Parpajole double.	4	
Parpajole.	2	
Pièce appelée *una de otto*		8

Monnoie de cuivre.

Pièce de 4 deniers	4
Idem de deux deniers	2

Françoises.

Or. Louis d'or ancien (tarifé). . . . 28 l. 16 f.
    Louis d'or neuf (non tarifé). . . 30
Argent. Ecu aux deux palmes. 7   4

3. *Etat de Parme.*

Monnoies d'or nationales.

	Parme.			Plaifance.			Guaftalla.		
	l.	f.	d.	l.	f.	d.	l.	f.	d.
Piftole vieille. . . .	72..12.			60..10.			75..	2..	
Id. *neuve* de (1785) .	93..10.			77..18..4			96..15..		
Idem (de 1786). .	90..			75..			93..	2..	
Sequin	45..			37..10.			46..11..		

Monnoies d'argent.

	Parme.			Plaifance.			Guaftalla.		
Ducat.	21.			17..10.			21..14..6		
Demi-ducat.	10..10.			8..15.			10..17..3		
7me de ducat	3..			2..10.			3..	2..	
14me de ducat . . .	1..10.			1..	5.		1..11..		
Ecu de Ranuce II. .	8..	8.		7.			8..14..		
Tefton	6..	6.		5..	5.		6..10..		

Monnoies de billon.

	Parme.			Plaisance.			Guastalla.		
	l.	s.	d.	l.	s.	d.	l.	s.	d.
Pièces de 2 liv.	2..			1..	3..4..		2..	3..6..	
Idem de Plaisance.	2.. 8..			2..			2..10..		
Livre	1..			16..8..			1.. 8..		
Demi-livre	10..			8..4..			10..4..		
Quart de livre	5..			4..6..			5..2..		
Demi-livre de Plaisance dite *bontala*.	12..			10..			12..6..		
Quart *idem*, ou ½ *bontala*	6..			5..			6..3..		

Monnoies de cuivre.

	Parme.	Plaisance.	Guastalla.
Sou.	12 d.	12 d.	12 d.
Demi-sou	6.	6.	6

Monnoies d'or Françoises (1).

	Parme.			Plaisance.			Guastalla.		
Louis d'or vieux	76..	1..		73..	7..6.		78..12.		
Idem dits d'armes.	135..12..			123..			140..	5..6	
Idem croix du S. Esprit aux 2 LL.	108..12..			90..10..			112..	6..9	
Idem aux 2 écussons.	95..			79..	3..4		98..	5..8	
Idem au Soleil.	90..			75..			93..10.		
Idem dit Mirliton.	72..12..			60..10..			75..	2.	

Monnoies d'argent.

	Parme.			Plaisance.			Guastalla.		
Ecu aux 3 armes	23..15.			19..15.			24.10..		
Idem aux 3 fl. de lys	23..15.			19..15.			24..10..		
Idem au vieux coin	20.. 5.			16..17..6..			20.19..		
Idem au pompon	18..			15..			18..12..		
Argentina.	8.. 8.			7..			81..2..		

---

(1) Le prix des monnoies de France énoncées ci-dessus, n'a rapport qu'aux caisses publiques ; cela est un peu différent pour les paiemens des particuliers. Le Change appelé *Cours abusif* est différent : en général, pour Guastalla, il est d'un & demi pour cent de plus que les monnoies ne sont énoncées. (*Caissier Italien.*)

A Parme, la monnoie se pèse. S'il manque depuis un grain jusqu'à cinq, on paie, pour chaque grain, 12 sols, & même,

4. *Etat de Modène.*

Monnoies d'or nationales.

	Modène.	Reggio.
Piſtole.	51.l.	76..l.10..ſ.
Scadino	9..	13.. 10..

Monnoies d'argent.

	Modène.	Reggio.
Ecu	15..	22.. 10..
Ducaton.	17.. 13ſ. 4 d.	26.. 10..
Ducat..	8..	12..
Monnoie avec la Sainte Vierge.	2.. 17..	4.. 5.. 6 d.
Ecu neuf.	5..	7.. 10..

Monnoies de billon.

	Modène.	Reggio.
Ecu de l'Aigle de Renaldo I.	3.. 15..	5.. 12.. 6
Pièce de 2 liv.	2..	3..
Livre	1..	1.. 10..
½ livre.	10..	15..
Giorgino	5..	7.. 6
Murajota	2..	3..
Livre de Reggio.	13.. 4..	1..
½ livre, ou capellone.	6.. 8..	10..

Monnoies de cuivre.

	Modène.	Reggio.
Bolognino.	1..	1.. 6..
Sou	8..	1..
Sixain	4..	6..

Monnoie d'or Françoiſe.

	Modène.	Reggio.
Louis ancien, avant 1785.	63..	94.. 10..

Monnoie d'argent.

	Modène.	Reggio.
Ecu aux 3 fleurs de lys.	15..13..	23.... 9.. 6..

ſur quelques-uns, 12 ſ. 6 d........ Sur chaque denier d'argent, 19 ſ. ou 19 ſ. 6 d.

A Plaiſance, le grain d'or ſe paie 11 ſ. 3 d. ou 10 ſ...... Le denier d'argent, 16 ſ. 3 d. ou 15 ſ. 10 d.

5. *Etats de l'Empereur.*

Monnoies nationales fixées depuis l'Edit du 25 Janvier 1786.

MILAN.

Monnoies d'or.

	l.	f.	
Souverain . . . , ...	45		
Piſtole de Milan	25	3	
Sequin de Milan	15	4	
Hongre cremitz impérial.	15	4	

Monnoies d'argent.

Ducaton	8	12	
Philippe.	7	10	
Ecu	6		
Demi-écu.	3		
Livre, ou livre vieille.	1		
Demi-livre vieille		10	
Livre neuve	1		
Demi-livre neuve		10	
Quart de livre		5	
Ecu de Flandres	7	10	
Taller	6	15	
Florin.	3	7	6

Monnoie de billon.

Pièce de 5 fols . . . , ...		5	
Idem de 2 f. 6 d. ou parpajole . . .		2	6

Monnoie de cuivre.

Sou	12
Demi-fou	6
Quatrin	3
Sixain	2

Monnoies Françoiſes fixées depuis les Edits de 1778 & 1779.

Monnoie d'argent.

Ecu aux fleurs-de-lys 7 10

M A N T O U E.

Monnoies d'or nationales.

Piſtole. . . . . 74 l. 17 ſ.
Idem vieille. 75   6
Idem neuve. 72
Sequin 43   10

Monnoies d'argent.

Ducaton 25   7
Ecu blanc. 19   7
Taller 14   6
Pièce de 3 liv. 3
Idem de 2 liv. 2
Idem de $\frac{1}{2}$ liv. 10
Quart de livre, ou cinquième. . . . 5

Monnoie de billon.

Pièce de 5 ſols. 15
Idem de 2 ſols 6 deniers. 7   6 d.

Monnoie de cuivre de Milan, réputée nationale.

Sou 3
Demi-ſou. 1   6

Monnoies d'or Françoiſes.

Louis d'or aux 4 armes. 135   15
Idem à la Croix du Saint-Eſprit. . . 108   12
Idem aux 2 écuſſons. 91   4
Idem au Soleil 90
Idem vieux. 75
Idem dit mirliton 72   3

Monnoie d'argent.

Ecu aux 3 fleurs-de-lys. 22   13

6. *Etats de la République de Venise.*

La Banque de Venise est appelée *Il Banco del Giro.*

Monnoies d'or nationales.

Quoique les monnoies d'or citées dans le Tarif de Venise soient au nombre de trois ; savoir, le *Sequin*, le *Ducat d'or* & la *Piftole* ; comme ces deux dernières font rares, le fequin fait prefque toute la monnoie.

Sequin.	22 l.	
Ducat d'or.	14	
Piftole	38	
Pièce de 10 fequins	220	

Pièces frappées fous le coin de la Juftine, &c. On les pèfe, & leur poids décide de leur valeur.

Monnoies d'argent.

Ducaton.	11 l.	
Ozella.	3	18 f.
Murano	3	18
Ecu de la Croix	12	8
Ducat	8	
Tallero	10	

Monnoies de billon.

Livre.	1	10
Demi-livre.		15
Pièce de 15 fols		15
Trajo		5

Monnoies de cuivre.

Sou	1
Beffiono, ou demi-fou.	
Beffon, ou demi-fou.	

Monnoies d'or Françoifes.

Louis d'or vieux	37	10
Idem dit mirliton	35	10
Idem à la Croix du Saint-Efprit . . .	53	
Idem au Soleil	44	15
Idem avant 1785	44	15
Idem poftérieur à 1785.	44	

Ital. mod. Tome II. R

Monnoies d'argent.

Ecu dit *Fedeſtelle* 11   5
Argentine **4**   **4**

7. *Etat de l'Eglife.*
R O M E.

Monnoies d'or nationales.

Sequin Romain . . . . 2 *écus*, ou 15 *baïochi.*
Les demi-fequins & les doubles
valent en même proportion.
Sequin de Bologne 2   7
Piſtole neuve 3   15
Piſtole neuve de Bologne. . . . 3   15

Monnoies d'argent.

Ecu Romain. 1 100
Ecu de Bologne. 1
Papeto. 20
Teſton 30
Paule. 10
Groſſo, ou demi paule 5
Mezzo. . . . . $2\frac{1}{2}$

Monnoies de billon.

Pièce de 2 carlins romains 15
Idem d'un carlin romain. . . . . $7\frac{1}{2}$
Idem de 4 baïochi 4
Idem de 2 baïochi 2
Le baïo 1

Monnoies de cuivre.

Baïoco. . . . . 5 *quadrins.*
Pièce de 2 baïochi . . . . . 2 *baïochi*, ou 10
Demi-baïoco . . . . $2\frac{1}{2}$
Quadrin, ou quadrino. 1

Monnoies d'or Françoiſes.

Louis d'or ancien . . . . 4 *écus* ou $59\frac{1}{2}$ *baïochi.*
Louis d'or neuf 4 31

Monnoies d'argent.

Ecu frappé depuis 1778 . . . . 1 *écu* ou 8 *baïochi.*
Ecu, depuis 1785. . . . . 1 6

N. B. Les paiemens au-deſſus de 5 écus romains peuvent ſe faire avec un papier-monnoie, appelé *cédule*; il y en a de cinq, de 10 & de 20 écus. Elles ſont fort recherchées, parce que plus elles ſont fortes & plus elles ſont embarraſſantes, parce que ces cédules perdent 2, 3 & 4 pour $\frac{o}{o}$ quand on les change en argent. Elles émanent toutes de la Banque du Saint-Eſprit, ou du Mont-de-Piété. (*Le Banquier Italien.*)

B O L O G N E.

N. B. Le Pape actuel a ordonné que toutes les monnoies qui ſeroient fabriquées à Bologne, le ſeroient, pour le poids & la valeur, à l'inſtar de celles de Rome.

On compte à Bologne par livres, ſous & deniers.
L'écu romain y vaut 5 livres ou 100 baïochi.

Monnoies d'or.

Sequin neuf . . . . 10 l. 15 ſ.
Sequin romain 10   15
Piſtole neuve. 15   15
Piſtole neuve romaine. 15   15

Monnoies de billon.

Marajole double. 4
Marajole 2
Bologrino. 1

Monnoie de cuivre.

Baïoque de 5 quatrins. . . . . 1 ſ.
Demi-baïoque. . . . . 6 d.
Quatrino . . . . 2 $\frac{1}{2}$

Monnoies d'or Françoiſes.

Louis ancien de 43 karats 1 grain . . 22 l. 19 ſ. 6
Louis neuf, de 40 karats 2 grains. . 21   11

Monnoie d'argent.

Ecu antérieur à l'année 1785 . . . . 5 l. 8 f.
Ecu depuis 1785 . . . . 5　6

F E R R A R E.

Les anciennes monnoies sont :

Monnoie de billon.

Motajole de 8 baïochi . . . . 8 *baïochi.*
Marajole double 4
Pièce de 5 baïoques. 5
Pièce de 2 ½. . . . . 2 ½

Monnoie de cuivre.

Baïoco, ou baïoque. . . . . 5 *quatrini.*
Demi-baïoco . . . . 2 ½
Quatrino, ou quatrin. 1

R A V E N N E.

Monnoies d'argent.

Paul . . . . 10 *baïochi.*
Demi-paul 5

Monnoies de cuivre.

Baïoque. . . . . 5 *quatrins.*
Demi-baïoque . . . . 2 ½
Quatrin. 1

G U B B I O.

Monnoies de cuivre.

Baïoco 5
Demi-baïoco. . . . . 2 ½
Quatrin. 1

8. *Royaume des Deux-Siciles.*

N A P L E S.

Monnoies d'or nationales.

Pièce de 6 ducats . . . . 60 *carlins.*
Pièce de 4 ducats 40
Pièce de 2 ducats 20

Monnoies d'argent.

Pièce de 13 carlins . . . . 132 *grains.*
Pièce de 12 *idem* 120
Autre de 120
Autre de 120
Ducat 100
Autre 100
Pièce de 6 carlins 6 grains 66
Idem de 6 carlins 60
Autre 60
Demi-ducat, ou patuca 50
Autre 50

Monnoies de billon.

Pièce de 2 carlins 6 grains . . . . : : 26
Idem de 2 carlins 4 grains 22
Idem de 1 carlin 2 grains 12
Tari ou Tarin 20
Autre 20
Carlin 10
Autre 10
Autre 10
Demi-carlin 5

Monnoies de cuivre.

Publique de 1 grain & demi . . . . 18 *cavalli.*
Autre de 1 grain 12
Tornèse 6
Idem dite de 9 cavalli 9
Idem de 4 cavalli 4
Idem de 3 cavalli 3

S I C I L E.

Monnoies d'or nationales.

Pièce de 6 ducats . . . . 600 *grains.*
Idem de 3 ducats 300

Monnoies d'argent.

Pièce de 3 ducats 300
Idem de 120 grains 120

Autre. . . . . 120 *grains.*
Idem de 60 grains. 60
Autre. 60
Idem de 40 grains. 40
Autre. 40
Idem de 30 grains. 30
Autre. 30
Idem de 20 grains. 20
Autre 20
Idem de 10 grains 10
Autre 10
Idem de 5 grains. 5

Monnoie d'or Françoise.

Louis . . . . 5 *ducats* 40 *grains.*

Monnoie d'argent.

Ecu neuf 1 33

ITINÉRAIRE

Des principales Routes des Postes de l'Italie.

DANS les Ftats de Piémont on paie :
Pour deux chevaux de chaise, monnoie du pays. 5 liv.
Pour un cheval de selle. 2

De TURIN à MILAN il y a 13 postes, faisant 94 milles.

De TURIN	Postes.		Postes.
De TURIN		à Orfengo	1
à Seltino (1)	1 *	à Navarre (4)	1
à Chivasco (2)	1	à Bufalore (5)	1 ½
à Cigliane	1 ½	à Sedriano	1
à S. Germano	1 ¼	à Milan	1 ½
à Vercelli (3)	1 ¼		

Autre Route.

On pourroit aussi, lorsqu'on est à Chivasco, aller par Crescentin... Trin... Candia... Mortare.

---

* L'Ouvrage imprimé à Londres, sous le titre de : *the Roads of Italy*, appele aussi *Il Porta-foglio necessario*, &c. met ici poste & demie ; mais le *Guida per il viagg. d'Italia*, imprimé à Turin, ne met qu'une poste, & avertit que l'on a supprimé la poste royale.

(1) On passe les rivières de Sture & de Malone, & l'on paie.

(2) On passe les rivières Baltea & Dora, & l'on paie.

(3) On passe la Sesia, & l'on paie.

(4) On passe la Gogna, & quand il y a de l'eau, on paie.

(5) On passe le Tesin en barque, & l'on paie selon l'eau qu'il y a.

De TURIN à BOLOGNE. Il y a, de l'une de ces villes à l'autre, 17 postes ½, faisant 130 milles.

De TURIN	Postes.		Postes.
		à Piacenza	1
à Trufarello	1	à Firenzola (5)	2
à Poirino	1	à Borgo S. Donnino	2
à S. Michel	1	à Castel Guelfo (6)	1
à la Gambetta	1	à Parma (7)	1
à Asti (1)	1	à S. Ilario	1
à Annone	1	à Reggio	1
à Felissano	1	à Rubbiera (8)	1
à Alexandrie (2)	1 ½	à Modène (9)	1
à Tortone	2	à Forte Urbano (10)	1
à Voghera	1 ½	à la Somoggia (11)	1 ½
à Brono (3)	1 ¼	à Bologne	1 ½
à Castel S. Giovanni (4)	1		

De TURIN à GÊNES il y a 14 postes & demie, ou presque 94 milles.

De TURIN	Postes.		Postes.
à Trufarello	1	à Felizano	1
à Poirino,	1	à Alexandria	1
à Saint-Michel	1	à Novi	1 ½
à la Gambetta	1	à Ottagio	1 ½
à Asti	1	à Campo Marrone	2
à Annone	1	à Genova	1 ½

(1) On passe le Stirone, & l'on paie.

(2) On passe la Burmia dans une barque, & l'on paie un paoli.

(3) On passe la Scrivia en barque, & l'on paie selon la quantité d'eau qui s'y trouve.

(4) On passe la Tidone en barque, & l'on paie un paoli, quand il y a de l'eau; s'il n'y en a pas, on ne paie rien.

(5) On passe la Trebia en barque, & l'on paie selon l'eau qui s'y trouve, s'en devant rapporter à un tarif.

(6) On passe la Stirone, & l'on paie un paoli.

(7) On passe le Taro, & l'on paie deux paoli.

(8) On passe la rivière de Lenza sur le pont, & l'on paie un paoli.

(9) On passe la Secchia en barque, & l'on paie deux paoli.

(10) On passe le Panaro en barque, & l'on paie un paoli & 8 sous.

(11) On passe le Reno, & l'on paie un paoli.

De TURIN par SUZE & CHAMBÉRY, au pont de BEAUVOISIN, il y a 24 postes & demie.

	Postes.		Postes.
De TURIN		à Saint-Michel	1 $\frac{1}{2}$
à Rivoli	1 $\frac{1}{4}$	à S. Giovanni (S. Jean.)	1 $\frac{1}{2}$
à S. Ambrogio	1 $\frac{1}{4}$	à la Chambre	1
à la Giaconera	1	à Aypierre	1
à Suze	1 $\frac{1}{2}$	à Ayguebelle	1
à la Novalèse	1	à Maltaverne	1
aux Tavernettes	1 $\frac{1}{4}$	à Montmeillant	1
à Lans-le-Bourg	1	à Chambéry	1 $\frac{1}{2}$
à Bramant	1 $\frac{1}{2}$	à S. Jean de Coux	1
à Vellarondin	1	aux Echelles	1
à Saint-André	1	au Pont de Beauvoisin	1

De TURIN à AOSTE il y a 10 postes $\frac{3}{4}$.

	Postes.		Postes.
De TURIN		à Verrez	1 $\frac{1}{2}$
à Foglis ou Foglizzo	2	à Chatillon	2
à Ivrée	2	à Aoste	2
à Settimo Vitto	1 $\frac{1}{4}$		

De TURIN à NICE il y a 17 postes & demie.

	Postes.		Postes.
De TURIN		à Limon	1
à Carignan	1 $\frac{1}{2}$	à Tende	2
à Morelle	1 $\frac{1}{2}$	à Breil	1 $\frac{1}{2}$
à Saluces	1	à Sofpel	1 $\frac{1}{2}$
à Busca	1 $\frac{1}{2}$	à Scarene	1 $\frac{1}{2}$
à Coni	1 $\frac{1}{2}$	à Nice	1 $\frac{1}{2}$
à Dalmace	1		

N. B. Il y a encore quelques autres routes sur la Carte, que l'on ne place point ici, parce qu'elles ne font pas pratiquées ordinairement par ceux qui ne font que visiter l'Italie ; mais elles appartiennent à l'intérieur des Etats du Roi de Sardaigne.

Dans les Etats de Gênes on paie, monnoie du pays :
  Pour deux chevaux de chaise. . . . . 10 ⎱
  Pour un cheval de selle. . . . . . . 5 ⎰ *paoli.*

L'Auteur Anglois dit, monnoie de Gênes :
  Pour deux chevaux de chaise. . . . . 8 l.
  Pour un cheval de selle. 3   10 s.
  Pour un postillon. 1   10

De GÊNES à TURIN. On compte par cette route,
14 postes & demie.

De GÊNES	*Postes.*		*Postes.*
De GÊNES		à Annone	1
à Campo Marrone	1 ½	à Asti	1
à Ottagio (1)	2	à la Gambetta	1
à Novi	2	à Porino	1
à Alexandrie	1	à Trufallero	1
à Felizano	1.	à Torino (Turin)	1

De GÊNES à PISE il y a 17 postes, comprenant
121 milles.

De GÊNES	*Postes.*		*Postes.*
De GÊNES		à Bracco	1
à Recco	2	à Materane	1
à Rapallo	1	à Borghetta	1
à Sestri di Levante	2	à Sarzane (2)	3

---

(1) On passe entre les montagnes, & l'on paie deux paoli
pour chaque chaise à deux roues.

(2) On passe la Magra. Quand ce torrent est grossi,
on va de Borghetto à la Spezia ; il y a deux postes, & de
la Spezzia à Sarzane, il y a une poste. *Voyez* la route de
Florence à Gênes.

On peut aussi, quand la mer est calme, faire la traversée
de Gênes à Lerici, près de Spezia dans une barque ; & par
ce moyen on évite la route de la montagne, qui est longue
& difficile.

De MILAN à VENISE, par BERGAME, il y a 24 postes & demie.

De MILAN	Postes.		Postes.
		à Peschiera	1
à Colombarole (1)	1 $\frac{1}{2}$	à Castel nuovo	1
à la Canonique (2)	1 $\frac{1}{2}$	à Verone	1
à Bergame	2	à Caldero	1 $\frac{1}{2}$
à Palazzole	2	à Torre à confini	1 $\frac{1}{2}$
à Spedaletto, ou à Lo Spedaletto	1 $\frac{1}{2}$	à Vicence	1
à Brescia	1	à Slesega ou Aflesiga	1
au Pont de S. Marc	1 $\frac{1}{2}$	à Padoue	1
à Defenzane, sur le bord du lac de Garde	1 $\frac{1}{2}$	au Dole	1 $\frac{1}{2}$
		à Fufina	1 $\frac{1}{2}$

Enfuite on va en barque jufqu'à Venife.

N. B. Bien des voyageurs fe rendent à Venife, en s'embarquant fur le canal de la Brenta, qui communique aux lagunes. C'eft, fans contredit, la route la plus agréable.

De MILAN à VENISE par MANTOUE.

De MILAN	Postes.		Postes.
		à Caftelloccio	1 $\frac{1}{2}$
à Marignan	1 $\frac{1}{2}$	à Mantoue	1
à Lodi	1	à Caftellaro	1 $\frac{1}{2}$
à Zarlefco	2	à Sanguinetto	1 $\frac{1}{2}$
à Pizichettone	1	à Bevilagua	1 $\frac{1}{2}$
à Cremone	1 $\frac{1}{2}$	à Efte	1 $\frac{1}{2}$
à San-Giacome	1	à Padoue	1 $\frac{1}{4}$
à Marfaja	1		

Le refte de la route comme ci-deffus.

---

(1) On paffe l'Adda, en payant un paul.

(2) A une lieue de la Canonique, on entre dans l'Etat de Venife, dont les limites peuvent fe diftinguer par deux grandes pierres, placées exprès pour indiquer la féparation entre les deux Etats.

De MANTOUE on peut aller à Padoue, comme on vient de le voir, ou à Ferrare, puis à Ravenne & à Rimini ; ou à Modène, puis à Bologne.

De MANTOUE à FERRARE il y a 15 postes & demie.

De MANTOUE	Postes.		Postes.
à Governolo	1 1/3	à Argenta	1
à Ostiglia	1 1/2	à Maisons-brûlées	1
à la Massa	1	à Fusignano	1 1/2
à Palantone	1	à Ravenne	1 1/2
à Ferrare (1)	1	à Savio	1
à S. Nicolas	1 1/2	à Césénatique	1 1/2
		à Rimini	1 1/2

De MANTOUE à MODÈNE.

De MANTOUE	Postes.		Postes.
à S. Benoît	1 1/2	à Bologne	1 1/2
à Concordia	1 1/2	à S. Nicolas	1 1/2
à la Mirandole	1	à Imola	1
à Buon porta	2	à Faenza	1
à Modène	1	à Forli	1
à Forte Urbano	1	à Cesene	1 1/2
à la Samogglia	1 1/2	à Savignano	1
		à Rimini	1

De PLAISANCE, si l'on retourne à Turin, on prend la route qui conduit à Alexandrie, & c'est le retour de celle que l'on fait, dans cette partie de l'Italie, en allant de Turin à Bologne ; il en sera de même pour la route de PLAISANCE à PARME, à MODÈNE & à BOLOGNE : on l'a vue précédemment.

De FLORENCE à BOLOGNE.

De FLORENCE	Postes.		Postes.
à Fontebonne	1 1/2	à Filicaje	1
à Cafagiole	1	à Lojane	1
à Mont-Carelli	1	à Pianoro	1 1/2
à Covigliage	1	à Bologne (1)	1 1/2

(1) De Ferrare il y a une route qui conduit à Venise par Padoue : on passe par Rovigo & Monselese.

(2) On passe la Savene sur un pont, & l'on paie un paul pour chaque calèche à deux roues.

De FLORENCE à GÉNES, par PISE ou par LUQUES.

De FLORENCE	Postes.		Postes.
De FLORENCE		à Saravalle	1
à Lattra	1	à Bourg à Buggiano	1
à L'auberge neuve	1	à Luques	1 $\frac{1}{2}$
à la Scala	1	à Pise	2
à Castel del Bosco	1	à la Torella	1
à Cascina	1	à Viareggio	1
à Pise (1)	1 $\frac{1}{2}$	à Pietra Santa	1
à Sesto	1	à Massa	1
à Prato	1	à Lavenza	1
à Pistoje	1 $\frac{1}{2}$	à Sarzane	1

Le reste de la route se trouve, en sens contraire, à l'article de GÊNES ; route de cette ville à PISE.

De FLORENCE à ROME, par SIENNE.

Deux routes différentes conduisent de cette ville à ROME ; l'une passe par SIENNE, l'autre par AREZZO.

De FLORENCE	Postes.		Postes.
De FLORENCE		à Ponte centino	1
à S. Cassien	1 $\frac{1}{2}$	à Aquapendente	1
aux Tavernelles	1	à Saint-Laurent	$\frac{1}{3}$
à Poggi Bonzi	1	à Bolsena	$\frac{1}{3}$
à Castiglioncello	1	à Monte-Fiascone	1
à Sienne	1	à Viterbe	1
à Montaroni	1	à Osteria	$\frac{1}{3}$
à Buonconvento	1	à Ronciglione	1
à Torrinieri	1	à Monte Rosi	1
à la Scala	1	à Baccano	1
à Ricorsi	1	à la Storta	1
à Redicofani	1	à ROME	1

De FLORENCE à ROME, par AREZZO.

De FLORENCE	Postes.		Postes.
De FLORENCE		à Arezzo	2 $\frac{1}{2}$
à Apparita	1 $\frac{1}{2}$	à Cortone	3
à Pian della Fonte	1 $\frac{1}{4}$	à Toricella	1
à Levanes	3	à Perugia	1

(1) On peut aller de Pise à Livourne ; il y a 2 postes.

De FLORENCE	Postes.		Postes.
De **FLORENCE**		à Otticoli	1
à Notre - Dame - des-Anges.	1	à Borghetto	¾
à Foligna	1	à Civita Castellana	
à Levène	1	à Rignano	1
à Spolette	1	à Castel nuovo	
à Strettura	1	à Boghettacio	
à Terni	1	à la Prima Porta	
à Narni	1	à **ROME**	1

De ROME (1) à VENISE, par LORETTE.

	Postes.		Postes.
De **ROME** (2)		à Fano	1
à Foligno (3)		à Pesaro	1
à Case nuove	1	à la Catolica	1
à Seravalle	1	à Rimini	1 ½
à Le Trave	1	à Cesenatique	1 ½
à Valcimara	1	à Savio	1 ½
à Tolentin	1	à Ravenne	1 ½
à Macerate	1 ½	à Primaro	1 ½
à Sambucheto	1	à Magna Vacca	1
à Lorette	1	à Goro	1 ½
à Camurano	1	à Mesola	1
à Ancône	1	à Fornacco	1
aux Case brucciate	1	à Chiozza	1 ½
à Sinigaglia	1	à Venise	2
à Marotto	1		

Autre route de ROME à VENISE.

	Postes.		Postes.
De **FOLIGNO**		à Gualde	1
à Ponte Antesimo	1	à Sigille	1
à Nocera	1	à la Seggia	1

---

(1) Les principales routes de ROME conduisent à VENISE par Lorette & Ancône, ou par Fano ; à BOLOGNE, par Florence ; & à NAPLES.

(2) C'est l'inverse de celle qu'on a vue ci-devant, en venant de Florence à Rome par Spolette.

(3) A Foligno se trouvent deux routes : l'une va à Lorette, l'autre à Fano ; l'une & l'autre sur le bord du golfe de Venise.

De FOLIGNO	Poftes.		Poftes.
De FOLIGNO		à Fonofshrone	1
à Cantiane	1	à Calcinelle	1
à Cagli	1	à Fano	1
à Aqualagne	1		

De Fano, la route continue comme ci devant, p. 270.

N. B. La route de ROME à BOLOGNE a été décrite en fens contraire. *Voyez* l'article FLORENCE, p. 268.

De ROME à NAPLES.

De ROME	Poftes.		Poftes.
De ROME		à Terracine	1
à la Torre	$1\frac{1}{2}$	à Fondi	1
à Marino	1	à Iftri	1
à la Faïola	$\frac{3}{4}$	à Gaëta	1
à Veletri	$\frac{3}{4}$	à Garigliano	1
à Cifterna	1	à S. Agado	1
à Sermonetta	1	à Francolifi	1
à Cafe nuove	1	à Capoue	1
à Piperno	1	à Averfa	1
à Marati	1	à NAPLES	1

Autre route de ROME à NAPLES.

De ROME	Poftes.		Poftes.
De ROME		à Ferrentino	1
à la Torre	$1\frac{1}{2}$	à Torci	1
à Marino	1	à Ceprano	1
à Molona	1	à Ponte Corvo	1
à Valmontone	1	à Le Stale	1
à Caftello Malco	1	à Garigliano	1

De Garigliano la route continue comme ci-deffus.

De NAPLES à REGGIO.

De NAPLES	Poftes.		Poftes.
De NAPLES		à Embo'i (1)	1
à Torre del Greco	$1\frac{1}{2}$	à la Scorfa	1
à Nocera	1	à Auletta	1
à Salerne	1	à la Sala	1
à Torre Pinta	1	à Cafanuova	1

(1) On peut aller delà voir les ruines de PÆSTUM : il y a une pofte & demie.

De NAPLES	Postes.		Postes.
à Lagonegro	1	à Belito	1
à Lauria	1	à Fondato del Fico	1
à Castellacia	1	à Monte-Leone	1
à Rotonda	1	à Saint-Pierre	1
à Castrovillore	1	à Drosi	1
à Esare	1	à Seminara	1
à Regina	1	à Passo di Salone	1
à Cosenza	1	à Tumara di mari	1
		à Reggio	1

De NAPLES à MANFREDONIA, à TARENTE & à LECCE.

De NAPLES	Postes.		Postes.
à Marignano	1	à Grotta Minarde	1
à Cardinale	1 ½	à Ariano	1
à Avellino	1	à Savignano	1
à Dlantecone	1 ½	à Ponte Borino	1

Ici la route se sépare ; l'une monte au Nord, pour aller à Lucera ; l'autre continue à l'Est.

	Postes.		Postes.
1. De Ponte Borino		à Cirignola	1 ½
à Lucera	2	à S. Cassano	1
à Foggia	2	à Barletta	1
à Manfredonia	3	à Bisceglia	1
2. De Ponte Borino		à Giovenazzo	1
à Ordona	1 ½	à Bari	1 ½

N. B. Ici il s'offre deux routes ; l'une descend au Sud, pour aller à TARENTE ; l'autre continue au Sud, pour aller à LECCE.

	Postes.		Postes.
1. De Bari		à Mola	1 ½
à Tari	1	à Monopoli	1 ½
à Gioja	1	à Fasano	1
à Fonte S. Pietro	1	à Ostuni	1 ½
à Molola	1	à S. Vito	1
à Massafié	1 ½	à Massagna	1 ½
à Tarente	1 ½	à Cellino	1 ½
2. De Bari		à Lecce	1 ½

Les autres routes du Royaume de Naples ne se font pas en postes réglées.

TABLE

TABLE ALPHABÉTIQUE

Des noms modernes des Villes, &c. avec les noms anciens qui y répondent.

(Le chifre Romain indique le volume ; le chifre Arabe indique la page.)

Ital. mod. Tome II. S

Noms modernes.	Noms anciens	Vol.	Pag.
Amalfi	*Marcina*	II	136
Amelia	*Ameria*	II	48
Anagni	*Anagnia*	II	85
Ancône	*Ancona*	II	35
Anghiari (de Toscane)		I	327
Anghierra (territ. d')		I	154
Anghierra		I	ibid.
Annecy	*Annesiacum*	I	26
Annecy (lac d')		I	29
Aoust	*Augusta Prætoria*	I	45
Aquila		II	98
Aquino	*Aquinum*	II	107
Arausa	*Fiosella*	I	249
ARBA , isle	*Arbe*	I	257
ARBE (isle & ville)	*Arba*	I	288
Arc , rivière		I	21
Arbadu	*Knin*	I	250
Arboréa (l')		I	93
Arcidosso		I	360
Arezzo	*Arretium*	I	328
Ariano		II	141
Arno , fleuve	*Arnus*	I	298
Arona		I	83
Arpino	*Arpinum*	II	105
Arta	*Arta*	I	292
Arve , rivière		I	20
Ascoli	*Asculum*	II	41
Asina longua	*Voyez* Sinalunga	I	355
Assise	*Assisium*	II	43
Asti	*Asta Pompeia*	I	70
Aterno , fleuve		II	96
Atri	*Hadria*	II	98
Avellino	*Abellinum*	II	141

NOMS MODERNES.	NOMS ANCIENS.	Vol.	Pag.

E.

Ital. mod. Tome II.   T

S.

V.

E R R A T A.

Page 218 de ce volume, USIICA, *lisez* USTICA.

Le Privilège & l'Approbation se trouveront à la fin
de l'Ouvrage.

De l'Imprimerie de STOUPE, rue de la Harpe.

www.ingramcontent.com/pod-product-compliance
Lightning Source LLC
LaVergne TN
LVHW010934180726
843502LV00004B/961